# Peter Berliner

## Klare Worte

PETER BERLINER

# KLARE WORTE

WIE SIE ÜBERZEUGEND
SAGEN, WAS SIE MEINEN

SILBERSCHNUR VERLAG

Alle Rechte vorbehalten.
Außer zum Zwecke kurzer Zitate für Buchrezensionen darf kein Teil dieses Buches ohne schriftliche Genehmigung durch den Verlag nachproduziert, als Daten gespeichert oder in irgendeiner Form oder durch irgendein anderes Medium verwendet bzw. in einer anderen Form der Bindung oder mit einem anderen Titelblatt als dem der Erstveröffentlichung in Umlauf gebracht werden. Auch Wiederverkäufern darf es nicht zu anderen Bedingungen als diesen weitergegeben werden.

© Copyright Verlag »Die Silberschnur« GmbH

ISBN: 978-3-89845-648-7
1. Auflage 2020

Umschlaggestaltung & Satz: XPresentation, Güllesheim
Druck: Finidr, s.r.o. Cesky Tesin

Verlag »Die Silberschnur« GmbH · Steinstr. 1 · 56593 Güllesheim
www.silberschnur.de · E-Mail: info@silberschnur.de

# INHALTSVERZEICHNIS

**Es geht auch anders!**     9

**1 Wer ist Chef im Ring?**
Botenstoffe, die rastlosen Zeremonienmeister     13

**2 Achtsamkeit im Gepäck**
Muster aufdecken und verändern mit Achtsamkeit & Co     41

**3 Ich atme …**
Mit der Atmung innere und äußere Balance finden     77

**4 Hört mich hier jemand?!**
Die eigene Stimme als Visitenkarte     101

**5 Steh' gerade!**
Warum Körperhaltung nicht gleich Körpersprache ist     145

**6 So habe ich das nicht gemeint!**
Wie Sie überzeugend sagen, was Sie meinen     175

**7 Ich steh' dazu!**
Akzeptanz erreichen, ohne sich zu »verbiegen«     221

**Kurz vor Schluss**     251

Literaturverzeichnis     253
Über den Autor     259
Ihre Notizen     261

# ES GEHT AUCH ANDERS!

Tröstende Worte lagen meinem Opa nicht. »Ein Hund beißt sich nicht allein«, pflegte er unwirsch zu sagen, wenn ich wieder Zoff mit meinem besten Freund hatte. Mit der Aussage konnte ich allerdings nicht viel anfangen. Natürlich beißt sich ein Hund nicht selbst, der ist ja nicht blöd.

Meine Oma hingegen erkannte meine Not, sie hatte Verständnis für meinen Kummer. Mit verschmitztem Lächeln erklärte sie: »Peter, irgendwo da draußen liegt mit Sicherheit auch für dich ein Zuckerstück vergraben.«

Na, welch verheißungsvolle Aussichten! Ich nahm meine Oma beim Wort. Mit meiner kleinen Schaufel buddelte ich mal hier, mal dort, aber es ließ sich nirgends das versprochene Zuckerstück finden. Mein Enthusiasmus ließ so schnell nach wie mein Glaube an die Existenz eines versteckten Zuckerstücks. Wann immer meine Großeltern in ähnlichen Situationen ihren Trost mantragleich wiederholten, es rauschte einfach an mir vorbei.

Ich war erst sieben Jahre alt. Jeden Tag strömte so unglaublich viel Neues auf mich ein. Mein Blick war weit und voll Neugier. Gut gemeinte Ratschläge oder Weisheiten versickerten auf dem Boden meiner Gedankenlosigkeit. Die wahren Fragen meiner überschaubaren Welt lauteten: Wer schenkt mir ein schickes Taschenmesser? Wann darf ich endlich wieder kurze Hosen tragen? Wo wartet das nächste Abenteuer? Irgendwo am Rand meines Horizonts nahm ich allenfalls noch Mädchen wahr. Unheimliche Wesen, deren zickige Ausstrahlung erst mit meinem zunehmenden Alter an Anziehungskraft gewann. Bis sie geradezu gottgleiche Geschöpfe wurden, die es zu erobern, beeindrucken und umwerben galt. An die beißenden Hunde und vergrabenen Zuckerstücke aus der großelterlichen Welt verschwendete ich längst keinen Gedanken mehr.

Dabei gab es sie ja, die beißenden Hunde. Anfangs versuchte ich, sie zu meiden und ihnen mit männlich-pubertärem Machtgehabe aus dem Weg zu gehen. Das aber funktionierte nur bedingt. Deshalb drehte ich den Spieß irgendwann um. Dank Boxtraining und bewusst großer Klappe zählte ich bald selbst zu den beißenden Hunden. Einerseits verschaffte mir das Respekt, andererseits trieb es mich langsam, aber sicher in eine von Selbstherrlichkeit bestimmte Isolation.

Wieder eine Sackgasse! Gab es einen Ausweg? Auf geschliffene Rhetorik und subtile, statt brachialer Körpersprache zu setzen, schien mir eine gute Alternative zu meinem bisherigen Handlungsmuster. Ich belegte ein halbes Dutzend Seminare, in denen ich zu lernen hoffte, immer situationsangemessen und souverän reagieren zu können. Die Ansätze waren vielversprechend. Damit konnte ich, fleißiges Üben vorausgesetzt, in kniffligen Situationen gut parlieren. Doch immer wieder schlug mein altes, martialisches Muster durch. Rhetorik hin oder her, in unvermittelt brenzligen Situationen fiel mir keines meiner tollen und logischen Argumente ein. Wie weggeblasen! So als trieben boshafte Geister ihr Spiel, indem sie die Batterie aus meiner schönen Rhetorikleuchte geschraubt hätten. War das fair? Ich war frustriert. Im schlechtesten Fall regelrecht resigniert. Es musste noch eine Alternative geben. Und ich würde sie finden! Dass mich die Suche danach zurück zu den weisen Worten meiner Großmutter führen würde, ahnte ich zu diesem Zeitpunkt überhaupt nicht.

Weg aus der Welt der beißenden Hunde, hinein in den Kosmos verborgener Zuckerstücke. Die vergessene Metapher wäre mir immer noch zu banal, ja zu einfach vorgekommen, obwohl ich inzwischen längst den tieferen Sinn verstanden hatte. Stattdessen verdanke ich es Irrungen und Wirrungen, dass ich mir heute nach dem Aufwachen und nach kurzem Räkeln ernsthaft, aber lächelnd die Frage stelle: »Peter, wo wird heute wohl dein Zuckerstück vergraben sein?« Und wahrlich, ich habe mir oft eine Abkürzung gewünscht. Doch dann hätte es die unzähligen Aha-Erlebnisse, intensiven Begegnungen und Erfahrungen nicht gegeben – und damit nicht dieses Buch.

Bleibt die Frage: Für wen ist dieses Buch gedacht? Marketingleute werden spätestens jetzt hellhörig, denn ohne Zielgruppe keine Strategie, kein Absatz, kein Umsatz, kein Geld! Hier muss ich passen. An DIE Zielgruppe habe ich nicht sonderlich gedacht. Ich glaube aber, nein, ich weiß inzwischen, dass es genügend Menschen gibt, die mehr gebissen werden, als ihnen lieb ist. Die zwangsläufig zurückbeißen, obwohl sie viel lieber gekonnt mit dem Schwanz wedeln würden. Beißen kostet allerdings verdammt viel Energie. Da bleiben keine Ressourcen für die Suche nach dem Zuckerstück. Also, liebe »Marketers«, was haltet ihr von: »Kommunikationsratgeber für beißende Hunde – mit Zuckerstück-Happy-End?«

Und die Mädchen? Nun, eines hat mich trotz allem »Gebelle und Gebeiße« damals erhört und teilt bis heute meine Gedanken, Sorgen, Freuden – und das ABC des entspannten Miteinanders.

# 1 WER IST CHEF IM RING?

## Botenstoffe, die rastlosen Zeremonienmeister

### Begegnung im Supermarkt

»Glücklich sein ist lediglich die positive Bilanz unserer augenblicklichen Wahrnehmung.«

Freitagvormittag im Supermarkt. Die Obst- und Gemüsetheke bot herrliche Süßkirschen. Ich griff aus dem Vollen. Die Stiele entfernte ich, um sie nicht mitzuwiegen – Süßkirschen sind schließlich teuer! Prompt hörte ich eine Frauenstimme zischen: »Der macht einfach die Stiele ab! Wenn das jeder machen würde!« Ich sah auf und bemerkte mir gegenüber zwei ältere Damen. Mit einer Mischung aus Wut und Unsicherheit richtete die Wortführerin ihren weiteren Kommentar direkt an mich: »Man macht die Stiele nicht ab! Man kauft ganz oder gar nicht!«

Etwas in mir fühlte sich ertappt, beobachtet und bloßgestellt. Ärgerlich blaffte ich zurück:»Bitteschön, wo steht das geschrieben?« Die Frau richtete sich auf, als ginge sie in Kampfposition.»Jeder anständige Mensch weiß, dass die Stiele dranbleiben. Da, wo ich gearbeitet habe, wären sie achtkantig rausgeflogen!« Es gibt wahrlich genügend Situationen, wo ich herzhaft in die Rhetorik- bzw. Schlagfertigkeitskiste gegriffen und einen wohlplatzierten Schuss abgefeuert hätte.

Normalerweise wäre ich voll in den Disput eingestiegen. Merkwürdigerweise überkam mich plötzlich eine stoische Ruhe und siehe da, der schon angesetzte Schnellschuss wich einer interessierten Frage:»Wo haben Sie denn gearbeitet?«

Ein Wunder geschah! In Bruchteilen von Sekunden entspannten sich die Gesichtszüge meiner Kontrahentin. Mit weicher Stimme erwiderte sie:»Bei Aldi«, fügte aber nicht ohne Stolz, mit immer noch durchgedrücktem Rückgrat hinzu:»Da ging es streng zu!« Ich konnte es mir lebhaft vorstellen.»Obst- und Gemüseabteilung?«»Auch. Ich hatte unterschiedliche Bereiche. Kasse ebenfalls.«»Na, da waren Sie ja eine ganz fixe!« Sie kicherte.»Das war ich wirklich! Jetzt allerdings bin ich in Rente.« Vollkommen aufrichtig setzte ich hinzu:»Wissen Sie, ich bewundere alle, die dieses Affentempo an der Kasse meistern.« Die Frau hielt inne. Kurz blickte sie auf die Kirschen, dann wieder zu mir. Ich hätte mit allem, aber nicht mit dem gerechnet, was sie nun entgegnete:»Eigentlich ist es ja wurscht, ob jetzt die Stiele dranbleiben oder nicht. Hauptsache, die Kirschen schmecken Ihnen!« Sie lächelte, drehte sich um und begann mit geübtem Klopfen die Melonen auf ihren Reifegrad zu prüfen.

Ich war baff! Diese Konfrontation hätte auch völlig anders verlaufen können. Obwohl die Kritik durchaus berechtigt gewesen war, hatte mein überraschendes Fragemanöver eine Wende gebracht, ich bekam sogar einen Freibrief für mein Verhalten ausgestellt. Was war passiert? Die Kirschen ohne Stiel einzutüten, konnte ich als Erfolg verbuchen.

Doch was genau mir dazu verholfen hatte, blieb vorerst ein Rätsel! Offensichtlich hatte ich die Dame unbewusst »positiv angetriggert«. Überzeugt? Entwaffnet? Geöffnet? Was hatte wie und warum die Eskalation gestoppt? Ich erinnerte mich eines Leitsatzes, den ich vor Jahren im Seminar gepredigt hatte: »Schulen wir unsere Präsenz, dann gewinnen wir automatisch mehr Ausstrahlung, verfügen wir über mehr Überzeugungskraft!«

Veni, vidi, vici also? War es so einfach? Übermäßig präsent hatte ich mich nicht erlebt, und Lehrsätze funktionieren in der Regel nur dann, wenn wir uns an sie erinnern, sie integriert haben und bewusst einsetzen.

Alltagssituationen wie diese bergen jedoch meist die Sprengkraft des Unbewussten. Wie oft schon hatten mich unverhoffte Bemerkungen oder Gesten meines Gegenübers meiner kompletten rhetorischen Kraft beraubt! Wenn das Alligator-Stammhirn anspringt, setzt der Verstand aus und übrigbleibt der Kleinkrieg der Kleinhirne. Im Klartext heißt das: Es braucht nur die leichte Berührung eines wunden Punktes, das Offenlegen eines Mankos, eine gefühlte Bloßstellung – schon sind wir nicht mehr Herr im eigenen Haus. Worte werden wie Pfeilspitzen gewählt, Sprache wird zum Kriegsschauplatz. Sobald der Verstand wieder das Zepter in der Hand hat, fragen wir uns: »Was hat mich da nur geritten?«

## Homo sapiens – der vernünftige Mensch?

Spötter meinen, vom Wesen her sind wir noch halbe Affen. Gemessen am langen Weg der Evolution, ist der Sprung hinab vom Baum bis in die heutige Zeit nur einen Wimpernschlag entfernt.

Die Evolution ist kein Sprinter – und genau das ist unser Problem. In den letzten 40.000 Jahren hat sich unsere genetische Ausrüstung nur unwesentlich verändert. Nicht nur unsere körperliche, sondern auch unsere geistige Grundausstattung stammt aus der Steinzeit. Ein Höhlenbewohnerkind würde, ins Heute gebeamt, ebenso wie jedes andere Kind aufwachsen. Es besäße die gleiche Grundausstattung, stünde vor den gleichen Herausforderungen und könnte sich in alle Richtungen entwickeln. Als Erwachsener hieße die Bedrohung nicht mehr Säbelzahntiger, sondern Jobverlust. Ein unverändertes Element bleibt: die Angst! Die Umstände haben sich geändert, unsere Reaktionen nicht.

In der Steinzeit wurde unser Leben als Jäger und Sammler noch mit der Keule er- und bestritten. Mit unseren Emotionen konnten wir verschwenderisch umgehen, ohne dafür gemaßregelt zu werden. Schreien, grunzen, schmatzen, raufen, lieben oder einfach ein Nickerchen machen, alles folgte instinktiven Bedürfnissen. Damit möchte ich nicht sagen, dass das Steinzeitleben besonders angenehm gewesen wäre. Einen Vorteil hatte es jedoch unbedingt: Instinktives Verhalten kennt keine Zweifel. Reale Gefahren erforderten rasante Reaktionen. Diese Überlebensstrategie hatte sich in abertausenden von Jahren bewährt. Signalisieren unsere Sinnesorgane Gefahr, schaltet das Gehirn auf Autopilot und übergibt damit ans Unterbewusstsein. Automatisierte Reaktionen aus dem Unterbewussten sind schneller als bewusst gefasste Entschlüsse. Diese Schnelligkeit kann schon mal den Unterschied zwischen Leben und Tod ausmachen. Stand plötzlich der Säbelzahntiger vor unserem Urahn, blieb diesem keine Zeit für das Abwägen von Strategien. Freund oder Feind, Flucht oder Kampf – langes Überlegen hätte den sicheren Tod bedeuten können. Schnelligkeit ging und geht dabei vor Genauigkeit. Das Unterbewusstsein ist bis heute die Wiege unserer Überlebensreaktionen, das Bewusstsein die Bühne strategisch-überlegten Handelns.

Das geschmeidige Ineinandergreifen beider Bereiche funktionierte lange ohne Probleme. Doch das sollte sich mit dem Einsetzen der kulturellen Evolution vor ca. 10.000 Jahren ändern. Das, was wir heute Fortschritt nennen, begann zunächst überschaubar, entwickelte sich aber rasant. Wir haben heute an einem einzigen Tag mehr technologische Neuentwicklungen als in den letzten 500.000 Jahren vor der kulturellen Evolution. Das Gehirn muss sich immer schneller, in immer kürzeren Abständen neuen Umständen anpassen und weiterentwickeln:

500.000 v. Chr. Gebrauch des Feuers
8.000 v. Chr. Ackerbau
4.000 v. Chr. hölzernes Rad
3.800 v. Chr. Schmelzen von Kupfer, Silber und Gold mit Blasrohr
3.000 v. Chr. Sonnenuhr
3.000 v. Chr. Papyrus zum Beschreiben
1.500 v. Chr. Eisenverhüttung
400 v. Chr. Seilwinde
680 v. Chr. mathematische Null
640 v. Chr. Dachziegel
500 v. Chr. Schere
500 v. Chr. mathematisches Stellenwertsystem
400 v. Chr. Camera obscura
400 v. Chr. Seilwinde
300 v. Chr. Pumpe
280 v. Chr. Leuchtturm
250 v. Chr. Flaschenzug
190 v. Chr. Pergament

150 v. Chr. hydraulischer Mörtel
100 v. Chr. Glasblasen
100 v. Chr. Kurbel

.
.
.

1450 Buchdruck
1785 mechanische Webmaschine
1876 Telefon
1945 Atombombe
1960 Laser
1960 erster Kommunikationssatellit
1963 Holografie
1964 geostationäre Satelliten
1966 Glasfaser als Lichtwellenleiter
1969 Silizium-Mikroprozessor
1969 Computermaus
1973 Scanner
1973 Siliziumchips
1981 Raumfähre Columbia
1981 Übertragung von Genen von einer Tierart auf eine andere
1982 Genprodukt Humaninsulin
1985 CD-ROM
1990 Hubble-Weltraumteleskop
1990 Internet, Berners-Lee erstellt den ersten Browser für das WorldWideWeb – WWW!

Nach der ersten industriellen Revolution (Dampfmaschine) und der zweiten elektrisch-technischen Revolution (Elektrizität) hat die dritte, die digitale Revolution, den kommunikativen Turbo gezündet. Besonders durch das Internet ist der interaktive Austausch förmlich explodiert. Smartphones, Computer, Tablets, Apps, digitale Technologien durchdringen heute alle unsere Lebensbereiche, verändern unseren Alltag und unsere Kommunikation grundlegend. Der Säbelzahntiger wurde digitalisiert! Edward Wilson (ein Ameisenforscher!) bringt es auf den Punkt: »Der Mensch hat steinzeitliche Gefühle, mittelalterliche Institutionen und gottgleiche Technik.«

Stellt sich die Frage: Wie kommen wir damit klar? Und wie verbindet unser Gehirn diese unterschiedlichen Welten?

## Das automatische Gehirn

Unermüdlich filtert, sortiert, bewertet unser fleißiges Lieschen die eingehenden Informationen. Das Gehirn liebt die Effizienz automatischer Abläufe. Bereits nach einer Zehntelsekunde hat sich entschieden, ob wir unser Gegenüber als vertrauenerweckend, sympathisch, kompetent oder hinterhältig empfinden. Subjektiv glauben wir, das Urteil bewusst und vor allem nach reiflicher Überlegung gefällt zu haben. Seit der Steinzeit hat sich die eine bis dato bewährte Abfolge nicht verändert: Nach einer Zehntelsekunde entscheidet allein das Unterbewusstsein, ob wir unser Gegenüber als vertrauenerweckend, sympathisch, kompetent oder hinterhältig empfinden. Dann folgt unser kognitives Denken und liefert nachträglich rationale Begründungen. Das ist der berühmte erste Eindruck, der leider in keiner Weise objektiven Kriterien unterliegt.

Das glauben Sie nicht? Ihrer Meinung nach hat Sie der erste Eindruck noch nie getäuscht? Sehen wir einmal näher hin. Stellen Sie sich vor, Sie sind Personalchef und haben einen Vorstellungstermin mit einem Bewerber. Während der kurzen Begrüßung registrieren Sie eine energielose, hängende Körperhaltung mit eingesunkenem Brustbein, runden Schultern und einem verhaltenen Gang.

Ihr Unterbewusstsein signalisiert:
1. Keine Gefahr, kein Feind.
2. Kein Selbstbewusstsein, kein Leader.
3. Keine Sympathie.
4. Ergo = keine Kompetenz!

Sie können gar nicht so schnell denken, wie sich diese Bewertung entwickelt hat. Ihr Unterbewusstsein hat in Sekundenbruchteilen entschieden.

Wir treffen unsere Entscheidung emotional und begründen sie dann rational.

Das Bewusstsein folgt dem Unterbewusstsein im Schneckentempo. Unser angeblich objektiver Verstand erweist sich als Erfüllungsgehilfe unbewusster Wertungen. Im oben genannten Beispiel konzentriert sich die Aufmerksamkeit primär auf Punkt 2 und 3 führt zu der Schlussfolgerung/dem Ergebnis Punkt 4. Das Bewerbungsgespräch verläuft nach dem Motto: »Wer suchet, der findet.« Ob der Daumen nach oben oder nach unten zeigt, entscheidet immer der erste Eindruck. In diesem Fall bedeutet es, egal welche Kompetenzen der Bewerber tatsächlich besitzt und kommuniziert – er wird sie nicht mehr unter

Beweis stellen können. Und noch ein weiterer, entscheidender Punkt erschwert die Betrachtung: Wir sind generell skeptisch gepolt bzw. durch unsere individuellen Glaubenssätze konditioniert.

Hierzu ein Beispiel:
Ein erfolgreicher Arbeitstag liegt hinter Ihnen. Sie sind auf dem Heimweg und kommen an einem Fast-Food-Restaurant vorbei. Der Magen knurrt. Ein Snack für den kleinen Hunger käme jetzt genau richtig. Der Schnellimbiss ist gut besucht. Das Bedürfnis, einen Happen zu essen, haben auch andere. Sie reihen sich brav in die Warteschlange ein. Und dann passiert's: Kurz bevor Sie an der Reihe sind, drängelt sich jemand dreist vor! Das treibt Ihnen nicht nur die Zornesröte ins Gesicht. Wetten, dass Sie zu Hause als Erstes von der »Unverschämtheit« berichten und nicht etwa von dem erfolgreichen Arbeitstag?! Hier werden acht Stunden Zufriedenheit von einer Minute Ärger aus dem Ring geworfen!

Von diesem Ungleichgewicht profitieren die Medien: »Bad news are good news.« Warum? Weil schlechte Nachrichten mehr Aufmerksamkeit bekommen und sich besser verkaufen. Unser Unterbewusstsein ist sofort auf Habachtstellung. »Was, die Arbeitslosenzahlen steigen! Ach, die Renten sind in Gefahr? Der nächste Bankencrash steht vor der Tür? Hilfe, wie kann ich mein Geld retten, mich gegen Arbeitslosigkeit, Inflation und Überbevölkerung schützen?« Das Gefühl und der Druck haben durch die Menge und Verfügbarkeit an Informationen drastisch zugenommen. Eine permanente innere Unruhe wird zum ständigen Begleiter.

Der Säbelzahntiger, das bekannte Angriff-Flucht-Muster, ist omnipräsent.

Unser Ur-Ur-Urahn hatte mit Hungersnöten, Kriegen und schweren Verletzungen zu kämpfen, seine Ängste waren real, sie betrafen ihn wirklich und unmittelbar. Er musste und er konnte reagieren. Heute fliegen uns, Handy und Social Media sei »Dank«, virtuelle *bad news* aus aller Herren Länder um die Ohren. Wir sind im permanenten Alarmmodus. Ach ja – und die »guten« Nachrichten? Die lassen uns, wenn sie nicht gerade persönlich adressiert sind, überraschenderweise kalt. Gute Nachrichten sind wie ein sanftes Opiat, sie wiegen uns in Sicherheit. Sicherheit ist langweilig, und Langeweile schenken wir keine Aufmerksamkeit! Bleibt uns als letzter Ausweg nur – »back to the roots«?

## Warum ist unser Unterbewusstsein so »dominant«?

Neurowissenschaftler haben herausgefunden, dass unser bewusstes Handeln circa 2 Prozent ausmacht. Das würde bedeuten 98 Prozent laufen unbewusst ab ...?! Das ist schwer nachvollziehbar und ehrlich gesagt ist es auch ein wenig unheimlich. Wie verhält sich das z. B., wenn ich die Wahl habe, einen Apfel oder eine Banane zu essen, beträgt mein freier Wille für diese Entscheidung ebenfalls nur 2 Prozent? Dazu Folgendes:

»In den 1980er-Jahren zeigte der amerikanische Physiologe Benjamin Libet in einem Experiment, dass sich bei Probanden, die sich zwischen zwei Tasten zu entscheiden haben, diese Entscheidung ca. eine halbe Sekunde vorher aus den elektrischen Reizmustern des Gehirns ablesen lässt. Mit anderen Worten, das Unterbewusstsein hat eine halbe Sekunde vorher entschieden, welche Taste zu drücken ist, noch bevor der Proband seine Entscheidung bewusst trifft.«

Nach diesem Experiment habe ich, um bei meinem Beispiel zu bleiben, anscheinend gar keine Wahl, ob ich zum Apfel oder zur

Banane greife. Innerhalb einer halben Sekunde hat mein Unterbewusstsein das Für und Wider von Apfel oder Banane entschieden. Diese Situation bringt der Münchner Psychologe Wolfgang Prinz auf den Punkt:

> »Wir tun nicht, was wir wollen, sondern wir wollen, was wir tun.«

Jetzt ist mir auch klar, warum ich zur Feier des Tages mehr Rotwein trinke, als ich mir vornehme. Das heißt allerdings auch, dass mein freier Wille eine Illusion ist – kein beruhigender Gedanke. Ich denke, hier wird die Wissenschaft noch einiges an Erkenntnissen zutage bringen. Letztlich ist es jedoch egal, ob unser Unterbewusstsein 2 Prozent, 7 Prozent oder 12 Prozent unseres bewussten Handelns ausmacht, es ist auf jeden Fall äußerst präsent! Grund genug, das Gehirn besser kennenzulernen und hinter die Kulissen zu schauen.

### Hallo, hier »Zentrale!«

Es entzieht sich einfach unserem Vorstellungsvermögen, dass ein ca. 1400 bis 1600 ccm großes und ca. 1,4 bis 1,6 kg schweres Organ uns materiell und immateriell als Mensch ausmacht. Dieses unscheinbare, vielgefürchtete Etwas aus grauen und weißen Substanzen, das wir Gehirn nennen, ist in seiner Dimension ebenso unfassbar wie das Universum.

Im Laufe der menschlichen Entwicklung hat sich das Gehirn vom Steuerungsorgan für einfache Lebensfunktionen zur hochsensiblen und leistungsstarken Denkfabrik entwickelt. Es ist die komplexeste Struktur, die wir kennen. Hier beginnt und hier endet alles. Sobald ich eine aufgeregte, wild diskutierende Menschenansammlung erlebe, sehe ich gleichzeitig wandelnde Gehirne auf Beinen vor meinem inneren Auge.

KLARE WORTE

Diese dirigieren, bewegen und steuern den Körper. Unscheinbar, unberechenbar, unglaublich – rätselhafte Eminenzen von der Größe zweier geballter grauer Fäuste.

## Warum und wie kommt es zu unseren 2 Prozent bzw. 98 Prozent

Wäre das Bewusstseinsverhältnis umgedreht, also 98 Prozent bewusstes Handeln und 2 Prozent unbewusstes Handeln, hätte ich gesagt, na klar, ist doch logisch, wenn ich mir vornehme, einmal in der Woche das Abendessen wegzulassen, dann weil ich mich bewusst dazu entschlossen habe, ein paar Pfunde abzuspecken. Das wäre eindeutig meine Entscheidung, mein freier Wille – und gut, mit den eventuell restlichen 2 Prozent, die mich aus irgendwelchen Gründen davon abhalten sollten, könnte ich gut leben. Doch dem ist nicht so. Der größte Teil meiner Eskapaden ist meinem Unterbewusstsein zuzuschreiben. Mit anderen Worten heißt das, ich bin nicht Herr im eigenen Haus!

Wer ist Chef im Ring? »Haaaallo Bewusstsein, dass ich hier sitze und schreibe, ist doch deine Entscheidung, oder?«

## Zeit für Details

Das Bewusstsein, unser kognitives Denken, ist begrenzt auf die Großhirnrinde – eine millimeterdünne, faltige Schicht, die unser Gehirn wie ein Helm umschließt. Ausgebreitet wäre er beinahe einen Viertelquadratmeter groß. Hier tummeln sich die Lern-, Sprech- und Denkfähigkeit sowie das Gedächtnis. 15 Milliarden Nervenzellen sind für den Bereich zuständig, die sich in Sekundenbruchteilen zu neuen Netzwerken verschalten können. Doch das

## WER IST DER CHEF IM RING?

Feuerwerk unserer bewussten Gedanken frisst mehr Energie als selbst der Muskel eines Leistungssportlers. Das Bewusstsein verschlingt satte 80 Prozent der gesamten Energie im Gehirn! So gesehen ist das purer Luxus, ein Energiefresser par excellence. Um nun Energie zu sparen, schaltet das Gehirn, sooft es kann, auf die »Autopilot-Funktion«. Dieser Autopilot ist kein anderer als unser unermüdliches Unterbewusstsein.

Das Unterbewusstsein ist ein wahres Kraftpaket, es ist in der Lage, 200.000-mal mehr Daten gleichzeitig zu bearbeiten als unser Bewusstsein – und das bei gleichem moderaten Energieverbrauch. Respekt, das ist megaeffizient! Deshalb können wir gleichzeitig essen, telefonieren, lesen, riechen und uns orientieren, ohne dabei alle Körperfunktionen, wie Atmung, Herzschlag und Stoffwechsel, zu kontrollieren. Genau das passiert auch beim Autofahren: bremsen, kuppeln, Gas geben, rechts oder links abbiegen, Verkehr und Navigation beobachten – Ihr Autopilot steuert »automatisch« und unbewusst das Fahrzeug.

### Wer macht was?

Das menschliche Gehirn ist in vier Hauptbereiche unterteilt: Hirnstamm, Zwischenhirn, Kleinhirn und Großhirn. In dieser Reihenfolge haben sich die Bereiche des Gehirns im Laufe der Evolution entwickelt und unterschiedlich ausgeprägte Aufgaben übernommen. Damit das Gehirn seine vielfältigen Funktionen erfüllen kann, sind verschiedene Areale synergetisch verbunden und auf verschiedene Aufgaben spezialisiert. Da haben wir zum Beispiel:

#### Das Stammhirn

Entwicklungsgeschichtlich ist das Stammhirn der älteste Teil des Gehirns. Es ist über 500 Millionen Jahre »alt« und hat sich im

Laufe der Evolution weiterentwickelt. Das Stammhirn bildet die Schnittstelle zwischen den anderen Gehirnregionen und dem Rückenmark.

Eintreffende Signale werden seitenverkehrt gesteuert und weitergeleitet. Somit wird die linke Körperseite von der rechten Gehirnhälfte gesteuert und umgekehrt. Darüber hinaus werden alle Sinneseindrücke, die Motorik sowie lebensnotwendige Körperfunktionen, wie Atmung, Herzfrequenz und Stoffwechsel, verarbeitet und geregelt. Das Stammhirn steuert elementare Reflexe, wie zum Beispiel den Atem- oder Hustenreflex und den Lidschlag. Alle Wirbeltiere haben diesen Gehirnteil.

### Das Kleinhirn

Erinnern Sie sich noch an den Gag von Otto Waalkes: »Kleinhirn an Großhirn, Kleinhirn an Großhirn: Jungs, nun lasst doch mal die Aufregung, ihr zieht doch sowieso den Kürzeren.«

Wie der Name schon sagt, das Kleinhirn ist klein. Aber oho! Das Kleinhirn umfasst ein Siebtel des Großhirns, bei gleicher Menge der Nervenzellen. Mit seinen Verbindungen zu den anderen Gehirnteilen bildet es das motorische Zentrum des Körpers. Das Kleinhirn steuert alle Bewegungsabläufe und Vorgänge, die weitestgehend unbewusst ablaufen: Gehen, Zähneputzen, Klavierspielen, Schreiben – so gesehen nimmt es uns jede Menge Arbeit ab.

### Das limbische System

Der Begriff leitet sich aus dem Lateinischen ab und heißt so viel wie »Saum«, da das limbische System sich doppelringförmig wie ein Saum um den Thalamus legt. Zum limbischen System gehören verschiedene Strukturen, die, rein anatomisch, teilweise weit voneinander entfernt liegen und sich vor allem dadurch auszeichnen, dass sie eine ähnliche oder gemeinsame Funktion haben. Es spielt eine wichtige Rolle bei der Bildung und Verarbeitung von Erinnerungen. Auch die Entwicklung der Intelligenz, das Denken sowie das Verhalten werden stark vom limbischen System beeinflusst. Es übernimmt sowohl die Steuerung der Funktionen wie den Antrieb, das Lernen, die Emotionen als auch die vegetative Regulation der Verdauung, Nahrungsaufnahme und Fortpflanzung.

### Das Großhirn

Das Groß- oder Endhirn bildet den größten und am höchsten entwickelten Teil des Gehirns. Es ist verantwortlich für viele Denk- und Handlungsprozesse, die den Menschen von anderen Lebewesen unterscheiden. Das Großhirn ist in zwei Hälften (Hemisphären) geteilt. Jede Großhirnhälfte ist spezialisiert: Rechts sitzen die Kreativität und der Orientierungssinn, links die Sprache und Logik. Die äußerste Schicht des Großhirns bildet die Hirnrinde. Sie ist zwischen zwei und fünf Millimetern dick und verarbeitet unter anderem die Sprech- und Denkfähigkeit, das Bewusstsein, das Lernen, unser Gedächtnis sowie das Bewusstsein.

### Die Amygdala

… wird wegen ihrer anatomischen Form auch Mandelkern genannt. Die Bezeichnung Mandelkernkomplex ist jedoch treffender, denn die Amygdala setzt sich aus mehreren Unterkernen zusammen. Um sich die Position der Amygdala im Gehirn vorzustellen, denken Sie sich einfach eine Linie zwischen Ihren beiden Ohren und eine Linie im rechten Winkel zu Ihren Augen. Dort, wo sich die Linien schneiden, ist der Sitz der Amygdala. Sie ist wichtig für die Verarbeitung von Emotionen und Gefühlen, insbesondere der Angst. Sie wirkt vor allem als emotionaler Verstärker. Jede unserer individuellen Lebenssituationen gleicht die Amygdala mit vergangenen Episoden ab. Sie ist ein aktiver Seismograph für alle Umweltreize und deren Gefahren.

## ... und schließlich der Thalamus

Er ist der Petrus unseres Gehirns und er entscheidet, wer bzw. was dort »rein« darf. Die Kapazität des Gehirns ist gewaltig, es kann 11 Millionen Informationen gleichzeitig aufnehmen. Jedoch nur 40 Informationen davon sind uns bewusst. Die restlichen wandern ins Unterbewusstsein! Der Thalamus bestimmt, welche der eingehenden Informationen im Augenblick für den Organismus so wichtig sind, dass sie ins Bewusstsein gelangen sollen. Alle eingehenden Signale werden hier vorverarbeitet, selektiert, bevor sie der Großhirnrinde zugeführt werden. Doch es gibt eine Macht im Hintergrund, ihr Einfluss toppt alles: Geheimnisvolle, unscheinbare Winzlinge, die für unsere oft unbewussten Reaktionen und Entscheidungen verantwortlich sind. »Undercover agents«, die nur darauf warten, uns zu dirigieren.

## Botenstoffe, sie sind die Chefs im Ring!

Sie sind der Schlüssel, um unser Verhalten und unsere Persönlichkeit wirklich zu verstehen!

Wer sind diese Botenstoffe und was machen sie?

Botenstoffe beeinflussen maßgeblich die gesamte Informationsübertragung zwischen den Nervenzellen, sowohl unsere körperlichen Funktionen als auch unser Denken, Fühlen und Handeln.

Haben Sie schon einmal auf einem Event beobachtet, wie der Fotograf sich bemüht, Gäste für ein gemeinsames Gruppenfoto auf die Terrasse zu bewegen? Das kann dauern. Jetzt stellen Sie sich die gleiche Situation vor, allerdings mit einer Milliarde Gästen, die das in

Sekundenbruchteilen bewältigen. Unmöglich sagen sie? Doch, in unserem Körper funktioniert genau das reibungslos. Circa 100 Milliarden Nervenzellen im Gehirn sind kommunikativ perfekt eingespielt und arrangieren so kleinste Handlungen und Emotionen. Ihre Manager, sozusagen die flinken »Drahtzieher« im Hintergrund, sind die Botenstoffe. Sie vermitteln innerhalb weniger Millisekunden Signale zwischen Zellen, Gewebe und Organen. Diese winzigen Alleskönner werden differenziert in:

## Neurotransmitter

Die Botenstoffe des Nervensystems, die sogenannten Neurotransmitter, werden von Nervenzellen über den synaptischen Spalt, den Zwischenraum zweier miteinander kommunizierender Nervenzellen, abgegeben.

Wir sprechen hier von unglaublich winzigen Dimensionen. Dieses Mikrouniversum wird über perfekt eingespielte elektrisch-biochemische Reize gesteuert. »Prominente« Neurotransmitter sind zum Beispiel:

### Serotonin

Neben Dopamin und Noradrenalin zählt das Serotonin zu den Glückshormonen. Da die Wirkung dem Opium oder Morphium ähnelt, wird es auch als körpereigenes Opiat bezeichnet. Unsere »Wolke 7« besteht also aus einer dicken Ansammlung Serotonin – Gelassenheit, Ausgeglichenheit, innere Ruhe und Zufriedenheit inklusive. Im Rahmen von Dauerstress tritt häufig ein niedriger Serotoninspiegel auf. Ein Mangel dieses Glücksbringers kann schnell zu einer depressiven oder ängstlichen Stimmungslage führen. Wenn es bei Ihnen regelmäßig zu Heißhungerattacken, vor allem auf Süßes kommt, kann das auch an einem Serotoninmangel liegen. Dauerstress führt häufig zu einem niedrigen Serotoninspiegel.

## Glutamat

Glutamat kennen wir aus chemisch-isolierter und organischer Sicht. Das chemisch-isolierte Glutamat, ein industrieller Geschmacksverstärker, ist in den letzten Jahren besonders in Verruf geraten. Viele Menschen reagieren darauf allergisch und Achtung, liebe Diätfreunde: Glutamat beeinflusst auch den Appetit. Es wirkt appetitsteigernd und unterdrückt das Sättigungsempfinden!

Unser körpereigenes Glutamat ist der wichtigste Neurotransmitter, um Signale zwischen den Nervenzellen zu übertragen, und somit unverzichtbar, um Sinneswahrnehmungen zu verarbeiten. Kurz: Ein Leben ohne Glutamat ist unmöglich: Denkvorgänge und Hirnleistungen benötigen Glutaminsäure.

## Noradrenalin

Noradrenalin wirkt als Neurotransmitter und Hormon. Es gehört zu den wichtigsten Botenstoffen des zentralen Nervensystems und ist Teil des vegetativen Nervensystems. Noradrenalin ist an unseren Gefühlen und Stimmungen beteiligt und beeinflusst unsere Aktivitäten, Interessen und Motive. Dauerbelastungen können zu Noradrenalinmangel führen, und das äußert sich in fehlendem Antrieb, Konzentrationsschwäche, Müdigkeit, Erschöpfung, Depression und Gedächtnisstörungen. Hier lauert ganz klar die Burn-out-Falle! Um Stimmung und Antrieb wieder in Schwung zu bringen, kommen oft Antidepressiva, sogenannte Psychopharmaka, ins Spiel. Psychopharmaka erhöhen die verfügbare Menge an Noradrenalin an den Übertragungsstellen im Gehirn. Dringend benötigter Nachschub für unser emotionales Gleichgewicht! Die andere Seite der Medaille ist: Ein Zuviel an Noradrenalin führt zu negativen Symptomen wie Hyperaktivität, Aggression, Panik, emotionaler Instabilität, Bluthochdruck und vor allem Angst.

## Hormone

Hormone sind chemische Botenstoffe, die in Hormondrüsen produziert und in das Blut abgegeben werden. Das Blut dient hierbei als Transportmittel zwischen den einzelnen Zielorganen. Manche Hormone wirken innerhalb von Sekunden, die meisten aber benötigen mehrere Minuten oder länger, um eine Reaktion zu verursachen. Zu den endokrinen Drüsen, die unter anderem unsere Hormone produzieren, zählen: Zirbeldrüse, Hypophyse, Schilddrüse, Nebenschilddrüse Thymus, Nebenniere, Pankreas, Ovar und der Hoden.

### Testosteron

Testosteron ist das königliche Hormon des Mannes, das zu 95 Prozent in den Hoden und zu 5 Prozent in der Nebennierenrinde gebildet wird. Testosteron bestimmt die Ausbildung der männlichen Geschlechtsorgane, steuert die Sexualität und Fruchtbarkeit. Es ist verantwortlich für die Erektion und die Spermienbildung. Übrigens wussten Sie schon: Mehr als 50 verschiedene Botenstoffe sind an einem »Highend-Orgasmus« beteiligt! Testosteron wirkt praktisch in allen Organen des Mannes. Außerhalb der Geschlechtsorgane fördert das Hormon die Zunahme von Muskelmasse und Muskelkraft, verstärkt die Knochendichte und Knochenneubildung. Je mehr Testosteron, je mehr rote Blutkörperchen, desto mehr Sauerstoff kann im Körper befördert werden. Interessanterweise schütten verliebte Männer weniger Testosteron und mehr Östrogen aus. Bei Frauen ist es genau umgekehrt. Der Testosteronspiegel gleicht sich in der verliebten Phase an. Aus evolutionspsychologischer Sicht macht das Sinn: Männer werden zärtlicher, Frauen mutiger. Die perfekte Voraussetzung für ein romantisches Date.

### Cortisol

Das wichtigste Stresshormon unseres Körpers, Cortisol, wird in der Nebenniere gebildet. Während Adrenalin und Noradrenalin nur kurzzeitig wirken, zählt Cortisol zu den Hormonen mit Langzeitwirkung. Wenn sich früher der Säbelzahntiger zeigte, hieß es für unseren Urahn: zum Lendenschutz greifen und dann ein beherzter Sprung über die Dornenhecke. Für die Fluchtreaktion brauchte es Energie, und Cortisol sorgte für die notwendige Bereitstellung von Blutzucker. Hält der Stress allerdings an, ist die Cortisolausschüttung kaum runterzubringen. Unser täglicher Dauerstress verlangt vom Körper weitere Energiedepots. Cortisol verbraucht dafür alle Kapazitäten und unterdrückt das Immunsystem nachhaltig. Beste Voraussetzungen für ein geschwächtes Immunsystem und eine deftige Grippe.

Außerdem leidet die Fettverbrennung. Darüber hinaus kommt das hungerregulierende Hormon Leptin aus dem Gleichgewicht und so leidet die Fettverbrennung. Unser Körper fordert energisch nach schnell verfügbarer Energie. Chips, Schokoriegel und Co. haben jetzt Hochkonjunktur!

## Oxytocin

Oxytocin wird häufig als Kuschelhormon bezeichnet und ist die Beziehungsdroge schlechthin. Es wirkt im Körper über die Blutbahn, als Hormon und im Gehirn als Neurotransmitter. Haben Sie im Bekanntenkreis schon immer eine langanhaltende, stabile Beziehung bewundert (ja, die gibt es!), da hat mit Sicherheit das Hormon Oxytocin seine Hände im Spiel.

Verliebte Paare sehen einander öfter in die Augen, zeigen ihre Gefühle offener und interessieren sich mehr für den anderen. Oxytocin sorgt für »ungetrübte Sicht« durch die rosarote Brille! Es besitzt sowohl die Fähigkeit, Stress zu reduzieren, als auch das Belohnungssystem zu aktivieren. Die soziale Empathie wird verstärkt! Darüber hinaus stimuliert es die sexuelle Lust und fördert damit die sexuelle Zufriedenheit. Die beruhigende Wirkung von Oxytocin unterstützt das Lernen und die Wundheilung nach Verletzungen.

WER IST DER CHEF IM RING?

Mehr als 150 Botenstoffe haben die Forscher bislang gefunden, aber das ist nur die Spitze des Eisbergs: Wissenschaftler gehen derzeit von mehr als 1.000 Botenstoffen aus. Die übergeordnete Gruppe der Neurotransmitter und Hormone ist da (noch) überschaubar. Zu dieser Gruppe zählen auch die Kairomone, Parahormone, Pheromone und Phytohormone. Also, es bleibt spannend.

Die Wirkung der Botenstoffe kennen wir aus verschiedenen Einsatzbereichen: Die Antibabypille zum Beispiel ist nichts anderes als eine Hormonladung, die dem Körper vorgaukelt, er sei schwanger, so wird das Entstehen einer realen Schwangerschaft unterbunden. Wenn die Bauchspeicheldrüse schwächelt, muss Insulin gespritzt werden. Insulin wird in der Bauchspeicheldrüse hergestellt und reguliert den Blutzuckerspiegel. Ist zu wenig Insulin vorhanden, führt das zu Diabetes. Stichwort Jetlag. Weit entfernte Reise- oder Businessziele bringen natürlich auch andere Zeitzonen mit sich. Unser Schlaf-Wach-Rhythmus gerät vollkommen durcheinander. Melatonin fördert den Schlaf und wird deshalb gern bei Störungen des Schlaf-Wach-Rhythmus empfohlen. Obendrein ist Melatonin auch ein Schutz vor Herz- und Kreislauf-Erkrankungen, es senkt den Blutfettspiegel und hemmt die Verklumpung der Blutplättchen.

## Falscher Alarm?!

Botenstoffe benötigen Informationen, um starten zu können. Hauptsächlich sind es elektrisch-biochemische Reize innerhalb des Körpers, die wir überhaupt nicht registrieren. Informationen von außen werden über Nase, Mund, Haut, Ohren oder Augen, von unseren Sinnesorganen, aufgenommen. In Sekundenbruchteilen werden die Signale weitergeleitet, im Gehirn gefiltert, bewertet und

KLARE WORTE

von der Amygdala mit Emotionen aufgeladen. Dabei geht keine Information verloren. Das Gehirn prüft ständig unsere jeweilige Situation und wiederholt ein Kontroll- und Überlebensprogramm aus grauer Steinzeit. Es heißt: Angriff oder Flucht! Und ob wir es wollen oder nicht, jede Information, die unsere Denkzentrale über die Sinnesorgane registriert, aktiviert den 5 Cent großen und 15 Gramm schweren Hypothalamus. Der hat nichts Eiligeres zu tun, als die entsprechenden Botenstoffe in Alarmbereitschaft zu versetzen.

Vieles, was uns Angst macht, entspringt bei weitem keiner lebensbedrohlichen Situation. Es geht dabei weiß Gott nicht um Sein oder Nichtsein. Trotzdem, allein schon der Gedanke, dass nächste Woche ein Vortrag vor versammelter Mannschaft ansteht, lässt unser Herz im Karree springen.

## Warum schlagen die Botenstoffe dann Alarm?

Kennen Sie die »grauen Tage«, an denen alles schiefgeht, was schiefgehen kann? Klar, kennen Sie solche Tage! Was treibt Sie dann in dieser Situation so richtig auf die Palme? Sprüche wie diese: »Jetzt komm doch mal runter«, »Alles halb so wild«, »Keep cool«? Jawohl, das ist Wasser auf die Mühle der gestressten Seele, und da kommen Sie erst richtig in Fahrt. Bitte, haben Sie Verständnis für Ihr Gegenüber, als Außenstehender hat es meistens den nötigen Abstand zu Ihrer Situation. Sein wohlgemeinter Hinweis: »Du machst dich schon wieder im Kopf verrückt«, zielt dabei häufig ins Schwarze. Nicht er, sie, es machen verrückt, ich selbst bin es! Ich bin, was ich denke. Oder treffender: Ich bin, was ich wahrnehme. Denn zuerst nehme ich wahr, im Idealfall denke ich dann darüber nach – aber meistens ist das Kind schon in den Brunnen gefallen. Das Unterbewusstsein ist schneller: Die Botenstoffe sind entfesselt. Es besteht meistens gar kein

Grund, in die Flucht-Angriff-Haltung zu gehen. Was triggert die Botenstoffe an? Ganz einfach: Die biologische Evolution schreitet viel langsamer voran als die »kulturelle« Evolution. Die biologische Evolution hatte einfach nicht genügend Zeit, sich der »Arbeitsweise, Reaktion, Bestimmung« unserer heutigen Zeit anzupassen. Die alten Hirnstrukturen und damit auch die Botenstoffe, die das Überleben unserer Vorfahren sicherten, sind nicht eben mal weg, sondern wurden durch jüngere Gehirnstrukturen überlagert. Was für den Steinzeitmenschen ein nützlicher, ein lebensnotwendiger Schutz war, verselbstständigt sich, ist für uns Stress und macht krank. Durch die Menge, Intensität und Schnelligkeit der Informationen fühlen wir uns bedroht. Demzufolge beurteilen wir viel zu viele Situationen als alarmierend oder nicht beherrschbar. Unser Denkorgan registriert Gefahr, wo keine ist, und mobilisiert Angst. Angst vor Krankheit, Kritik, Ablehnung, Enttäuschung, Zukunft, Alleinsein und Angst vor den Anforderungen. Anders ausgedrückt: Unsere Botenstoffe schießen mit Kanonen auf Spatzen. Sie sind Spezialisten für das Überleben in der Wildnis. Für den »täglichen Kampf« am Arbeitsplatz, im Straßenverkehr oder bei der Dauerberieselung durch die Medien sind sie nicht geeignet. (Wie viele der unterschiedlichen Botenstoffe ausgeschüttet werden, hängt allerdings auch von unseren Genen ab.)

> Was wir tun, beeinflusst die Botenstoffe. Die Botenstoffe beeinflussen, was wir tun werden.

Also, nicht wundern, wenn unser Gegenüber unvermittelt von Dr. Jekyll zu Mr. Hyde mutiert. Es kann durchaus sein, dass das Angstressort im Unterbewusstsein »angetriggert« wurde. Ausgestattet mit den besten Vorsätzen, läuft uns plötzlich eine Laus über die Leber – und schon haben wir unsere guten Vorsätze vergessen.

KLARE WORTE

Da kann unser Bewusstsein noch so eifrig gegensteuern und suggerieren: »Der/die/das ist doch ganz okay!« »Das war sicherlich nicht so gemeint ...« Oder: »Ich muss nicht nervös sein, ich hab's doch drauf ...«

## Und nun ...?

Was tun, wenn ich kaum oder gar keinen Einfluss auf meine Reaktionen habe, sprich im Affekt handle? Wenn Steinzeitgene mich immer und überall im Griff haben und mein Bewusstsein die zweite Geige spielt? Also eine Zwickmühle. Gibt es einen Ausweg aus dem Dilemma? Ja, es gibt einen Weg! Zugegeben, keine Schnellstraße, es ist eher ein gemächlicher, verschlungener, jedoch interessanter Pfad. Botenstoffe sind nicht bestechlich. Sie sind nicht käuflich, aber lernfähig! Wir können ihnen die Hand reichen, ihnen die Angst nehmen und »Leckerlis« anbieten.

Dafür ein Beispiel: Den meisten Menschen sind Spinnen zutiefst unsympathisch, sie haben Ekel- oder Angstgefühle beim Anblick eines »Achtbeiners«. Wenn wir jedoch in frühester Kindheit erleben, dass Spinnen liebenswerte, kuschelige und nützliche Tiere sind, ist die Spinne später mit Sicherheit ein hochgeschätztes Haustier.

Eine andere Geschichte aus Indien beschreibt unsere oft »virtuellen« Ängste: Eines Abends trat ein Mann, der eine unbeleuchtete Straße entlanglief, auf ein Stück Seil. Im Halbdunkeln vermutete er, dass es eine Schlange sei, und schrie vor Schreck auf, weil er glaubte, gebissen worden zu sein. Ein Freund kam mit einer Fackel herbeigeeilt. Im Licht erkannte der Mann seinen Irrtum und sofort verschwand seine Angst.

Was hat sich geändert? Die Wahrnehmung, die Sicht der Dinge und damit die Ausgangslage seiner Bewertung. In unserem Unterbewusstsein hat sich ein anderes Bewertungsmuster etabliert. So betrachten wir das Spinnentier nicht mehr mit Abscheu und erkennen, dass von einem Seil auf der Straße keine Gefahr ausgeht.

Zurück zum Anfang des Kapitels und zu meiner Supermarktbegegnung mit überraschendem Ausgang. Konnte ich mit gewinnender Körpersprache, sympathischer Stimme oder überzeugender Rhetorik punkten? Gut möglich. Kommunikation ist mein zentrales Thema, da hat sich sicher eine Selbstverständlichkeit eingeschlichen. Mir ist klar, dass ich nichts von dem bewusst angewandt habe, dafür kam die Situation viel zu überraschend. Ich bin schnurstracks in die »Reaktionsfalle« getappt. Mein Säbelzahntiger hat laut gebrüllt! Und genau das ist der springende Punkt. Natürlich ist es ein Vorteil, die Klaviatur der Kommunikation zu beherrschen, allerdings wird dabei gerne übersehen, dass wir diese nur kognitiv einsetzen. Das ist ungefähr so, als wäre ich ein Schauspieler in einem Theaterstück. Ich kenne das Theaterstück, lerne meine Rolle und bei dem entsprechenden Stichwort rufe ich meinen Part ab. Entsprechend dem Drehbuch kann die Rolle böse, freundlich, zynisch oder nachdrücklich gespielt werden und darauf kann mein Bühnenpartner böse, freundlich, zynisch oder nachdrücklich reagieren. So gesehen stressfreie Zone für mich als Schauspieler. Vorausschauend weiß ich, was auf mich zukommt, und kann mich dementsprechend gut vorbereiten. Bis auf den üblichen »Lampenfiebereinsatz« liegen die Botenstoffe in der Hängematte. Das Theaterstück ist vorhersehbar – ganz im Gegensatz zu unserem Leben.

So entsprang die kleine Supermarktepisode keinem Drehbuch und drohte unversehens aus dem Ruder zu laufen. Mein Unterbewusstsein stand auf Knallrot. Die Frau »spiegelte« meine gereizte Haltung und wappnete sich entsprechend. Die perfekte Ausgangslage für einen handfesten Konflikt! Nur geschickte Diplomatie konnte die Lage retten. Und die Rettung kam. Sie kam in Form jenes Diplomaten, den wir alle an unserer Seite haben, jedoch leider auf Sparflamme halten: unser Einfühlungsvermögen! Es verfügt gleich über mehrere Zauberschlüssel, um verschlossene Türen zu öffnen. Wir öffnen Türen, indem wir Interesse für die Bedürfnisse anderer zeigen. Das klingt banal, ist aber in einer Ego-Gesellschaft gar nicht so leicht. Wann hatten Sie das letzte Mal das Gefühl »Ich werde verstanden, ich bin nicht allein?!« Wer hat sich mit ehrlichem Interesse und Anteilnahme nach Ihrem Befinden, Ihrer Situation erkundigt? Na, schon lange her, oder?! Normalerweise wird uns (meistens ungefragt) das gesamte Erlebnis-Sorgen-Glücksrepertoire in Monologform um die Ohren geschleudert.

Nachdem die Frau im Supermarkt geifterte, man hätte mich in ihrer alten Arbeitsstelle achtkantig rausgeschmissen, steckte mein »Diplomat« geschmeidig seinen Zauberschlüssel in das Schloss. Mit der überraschenden Frage »Wo haben Sie denn gearbeitet?« öffnete sich ihre Tür einen Spalt. Dabei war mit Sicherheit das WIE wichtiger als das WAS. Meine Frage kam aus dem Bauch heraus, freundlich, interessiert, anstatt abschätzend, aggressiv. Das überzeugte.

Der zweite Türöffner folgte ebenfalls spontan und brachte endgültig den »Durchbruch«. Mit der wertschätzenden Feststellung »Ich bewundere alle, die bei Aldi, Penny, Edeka und Co. das Affentempo an der Kasse meistern!« sprang ihre Tür sperrangelweit auf. Das war ein Kompliment, worüber sich jeder freut. Ein Kompliment ist die Krönung der Wertschätzung, nur aufrichtig muss es sein. Das Unterbewusstsein kann hier sehr gut die Spreu von Weizen unterscheiden. Bei dem geringsten Verdacht, sich einzuschmeicheln, fällt die Tür zurück ins Schloss. Kommt das Kompliment aber ehrlich, von Herzen, dann steht die Welt offen. Schon Mark Twain wusste:

»Von einem guten Kompliment kann ich zwei Monate leben.« Stimmt, wer unsere Seele aufmerksam streichelt, bekommt jede Menge Sympathie und Zustimmung. So bekam ich von der pensionierten Kassiererin meinen Freifahrtschein: »Greifen Sie zu, nehmen Sie so viele Kirschen ohne Stiel, wie Sie aus dem verdammten Supermarkt raustragen können.«

Ich könnte schwören, vor nicht allzu langer Zeit wäre die gleiche Situation ganz anders verlaufen. Es hätte gewaltigen Zoff gegeben mit dem Resultat, dass die Frau mich an der Kasse gnadenlos verpetzt hätte. Was ist also passiert? Besser gefragt, was ist mit mir, mit meinem Unterbewusstsein passiert? Hallo Botenstoffe, habt ihr gepennt? Das war ein Angriff, wie er im Buche steht! Anscheinend hatte sich mein unbewusstes Bewertungsalarmsystem einfach mal eine Verschnaufpause gegönnt. Und wie so oft, wenn einer schwächelt, nutzt ein anderer seine Chance. Meine Neugierde wagte sich hervor und verwandelte meinen Fluchttunnel-Angriffs-Blick in einen Weitwinkel-Panorama-Blick. Angst, Wut und Aggression haben eines gemeinsam: Sie machen uns eng und blind für eine ganzheitliche 360-Grad-Perspektive und für Verständnis.

Erinnern Sie sich? Für unsere Urahnen war eine brenzlige Situation gleichbedeutend mit schnellem Flüchten oder beherztem Angreifen (Fluchttunnel-Angriffs-Blick). Adrenalin pur! Was dabei links und rechts auf der Strecke blieb, war völlig unwichtig. Der entspannte Blick zur schönen Blume am Wegesrand (Weitwinkel-Panorama-Blick) hätte den sicheren Tod bedeuten können.

Irgendwann ist mir etwas Grundlegendes bewusst geworden: Ich bin dem Unterbewusstsein und seinen Erfüllungsgehilfen, den Botenstoffen, scheinbar nicht ganz so hilflos ausgeliefert wie vermutet. Im Prinzip ist es ganz einfach: Das Unterbewusstsein beeinflusst mich ja nur so lange, solange ich nicht über mein Denken und Handeln reflektiere. Letztlich geht es darum, eingefahrene

## KLARE WORTE

Denkmuster zu erkennen und daran zu arbeiten. Das hört sich machbar an – und das ist es auch. Es gibt viele unterschiedliche Zauberschlüssel, die darauf warten, sperrige Schlösser zu öffnen. Also, sind Sie für DEN gemächlichen, jedoch interessanten Pfad gerüstet? Um ihn zu gehen, braucht es ein wenig Übung, Selbstvertrauen und auch Durchhaltevermögen. Wie das funktioniert und was es bewirkt, erfahren Sie im nächsten Kapitel.

Unvermittelte (und vor allem nicht gerechtfertigte) Reaktionen meines Gegenübers können die Kommunikation eskalieren lassen. Seien Sie nachsichtig und weise.

Denn Sie wissen, hier läuft ein Steinzeitprogramm mit hyperaktiven Botenstoffen ab. Ein entspanntes Miteinander ist den »Boten-Winzlingen« egal. Ihnen und mir allerdings nicht.

# 2 ACHTSAMKEIT IM GEPÄCK

## Muster aufdecken und verändern mit Achtsamkeit & Co

Es kamen einmal Schüler zu ihrem alten Zenmeister. »Meister«, fragten sie, »was tust du, um glücklich und zufrieden zu sein? Wir wären auch gerne so glücklich wie du.« Der Weise antwortete: »Wenn ich liege, dann liege ich. Wenn ich aufstehe, dann stehe ich auf. Wenn ich gehe, dann gehe ich, und wenn ich esse, dann esse ich.«

Die Fragenden schauten etwas betreten in die Runde. Einer platzte heraus: »Bitte, treibe keinen Spott mit uns. Was du sagst, tun wir auch. Wir schlafen, essen und gehen. Aber wir sind nicht glücklich. Was ist also dein Geheimnis?«

Es kam die gleiche Antwort: »Wenn ich liege, dann liege ich. Wenn ich aufstehe, dann stehe ich auf. Wenn ich gehe, dann gehe ich, und wenn ich esse, dann esse ich.«

Die Unruhe und den Unmut der Schüler spürend, fügte der Meister nach einer Weile hinzu: »Sicher liegt auch ihr und ihr geht und ihr esst. Aber während ihr liegt, denkt ihr schon ans Aufstehen.

KLARE WORTE

Während ihr aufsteht, überlegt ihr, wohin ihr geht, und während ihr geht, fragt ihr euch, was ihr essen werdet. So sind eure Gedanken ständig woanders und nicht da, wo ihr gerade seid.«

Diese Geschichte aus dem Zen gefällt mir. Sie bringt ein uraltes Dilemma, die Unstetigkeit unseres Geistes, auf den Punkt. Als Schüler des alten Zenmeisters wäre mir die Metapher sicherlich schnell klar gewesen. Als »Nicht-Zen-Schüler« empfand ich jedoch im ersten Moment den Dialog an den Haaren herbeigezogen. Im Nachhinein (manche Dinge müssen bei mir erst »sacken« und außerdem war ich so was von »unbedarft ...!) erschloss sich mir der tiefere Sinn und letztendlich fühlte ich mich ertappt. Ja, es stimmt! Ich nehme den Moment selten bewusst wahr. Meine Gedanken sind ständig im Austausch. Von einer zur anderen Minute führe ich gedanklich mehrere Leben – und das ist anstrengend!

Leben in der Gegenwart, abschalten und sich ausklinken sind zu großen Themen unserer Zeit geworden. Doch paradox, je mehr wir uns das wünschen, umso mehr Zerstreuungspotenzial steht uns zur Verfügung und umso leichtfertiger lassen wir uns verführen. Es ist, als ob jemand sich zum »Abspecken« in ein 5-Sterne-Restaurant begibt, sich dort von einer verführerischen Speisekarte inspirieren lässt, um anschließend wahl- und hemmungslos zu bestellen!

## Achtsam sein

Es gibt unterschiedliche Wege, um achtsamer zu werden. Viele Institute sind mit Kursen und Seminaren dabei behilflich. Dort wird alles angeboten, vom intensiven Kauen und Schmecken einer

Rosine bis zum stundenlangem Sitzen und An-die-Wand-Starren. Achtsamkeit ist, laut Zukunftsforschung, ein großer Trend und wird in zahlreichen Onlineportalen, Blogs, Büchern und Hochglanzmagazinen thematisiert. Für jedes »Achtsamkeitsbedürfnis« wird die nötige Inspiration und Anleitung geliefert. Das ist per se gut, kann sich aber schnell in Richtung »Achtsamkeit im Ausverkauf!« verlieren.

Achtsamkeit und Meditation werden oft im gleichen Atemzug genannt, denn beides kann als reflektiertes Üben verstanden werden. Der Unterschied ergibt sich daraus, welche Bedeutung ich diesen Übungen gebe. Für mich sind Achtsamkeitsübungen nur dann Meditation, wenn sie eine spirituelle Erfahrung anstreben. In der Meditation geht es hauptsächlich um existenzielle Erfahrungen, die das alltägliche Bewusstsein überschreiten. Achtsamkeitsübungen haben das vorrangige Ziel, das Leben einfach bewusster wahrzunehmen. Salopp gesagt, für mich sind Achtsamkeitsübungen alltagstaugliche Minimeditationen.

Über Achtsamkeit zu lesen, (ent-)führt erst einmal in eine andere Welt. Die Abbildungen eines in sich ruhenden Menschen, der mit geschlossenen Augen und in Yogihaltung scheinbar über dem Alltagstrott steht, laden dazu ein, es ihm gleichzutun. Der Enthusiasmus für Achtsamkeitsübungen ebbt jedoch meistens nach gewisser Zeit ab und endet mit der Frage: Warum soll ich Zeit von meiner Freizeit opfern, um meinen Atem zu beobachten – ohne großartige Veränderungen an Körper und Geist festzustellen? Stattdessen steige ich doch lieber aufs Mountainbike oder treffe mich mit Freunden! Haben Sie auch schon ein paar »Achtsamkeitsanläufe« mit dem Resultat »Bringt nichts!« unternommen? Das ist schade.

Meine ersten »Achtsamkeitsversuche« waren auch durchaus unspektakulär und pure Neugierde. Ich wollte erfahren, was passiert.

KLARE WORTE

Was es mit mir macht. Die Übungen erschienen mir einerseits simpel, andererseits passierte (scheinbar) nichts – außer, dass Knie und Rücken von der ungewohnten Sitzposition schmerzten.

## Erste Achtsamkeits- und Meditationserfahrungen

»Die wahre Entdeckungsreise besteht nicht darin,
dass man neue Landschaften sucht,
sondern dass man mit neuen Augen sieht.«
*Marcel Proust (1871–1922)*

Christine, meine Frau, hatte in einem Münchner Studio ihre Liebe zum Yoga entdeckt. Zwei- bis dreimal pro Woche pilgerte sie mit wachsender Begeisterung zur Yogastunde. Bald wurde als zusätzliches Highlight Meditation angeboten. Christine war begeistert! Sie kam zu der Überzeugung, dass Yoga und Meditation auch gut für mich seien. Ihr Enthusiasmus war nervend, machte mich aber schließlich neugierig. Yoga, das kam meiner Vorstellung von Gelenkigkeit, Kraft und Stabilität sehr nahe. Meditation ... mhhh, darüber hatte ich schon einiges gelesen, aber so richtig konnte ich mir darunter nichts vorstellen. Was sollte es schon für Vorteile haben, nichts tuend dazusitzen und den Tag an sich vorbeiziehen zu lassen? Ist doch mehr was für Eso-Klugscheißer. Doch meine Neugier empfahl mir: Versuch macht klug! Jetzt ging's gemeinsam ins Studio – mit dem Resultat, dass ich nach der Yogastunde genug hatte, meine Sachen packte und in der Pizzeria auf Christine wartete. Sie kam schließlich mit entspannten Gesichtszügen, auf »Wolke 7« schwebend und erzählte, wie gut ihr die Meditation getan hatte. Soso! Irgendwann nervte mich das Warten und ich beschloss, dieses unbekannte Terrain zu testen. Ich wollte mal schauen, was daran sooo toll ist und wie der »Chef« die Leute bei der Stange hält.

## Ommmmmmmmmm ...

Ein schummriger Raum, Kerzenlicht und etwa 20 erwartungsvolle Yogaschüler, die auf ihren Meditationskissen saßen. Ich platzierte mich vorsichtshalber in der letzten Reihe. Bevorzugte Sitzposition: Beine im »Schneidersitz« (Profis wählen natürlich den kompletten Lotossitz). Gerader Rücken. Der Yogalehrer saß uns gegenüber und führte uns durch die Meditation: »Ihr schließt jetzt 30 Minuten die Augen und versucht, an nichts zu denken. Dabei hilft es, den Atem zu beobachten: eins einatmen, zwei Atem anhalten, drei ausatmen, eins einatmen, zwei Atem anhalten, drei ausatmen ...« Das klang machbar. Jetzt kam der Pferdefuß: »Wenn ein Gedanke kommt (und er kommt mit Sicherheit), dann gilt es, diesen nicht zu bewerten, ihn wie eine Wolke ziehen zu lassen, bis er sich sozusagen in nichts auflöst. Er löst sich dann in nichts auf? Aha! Wie schiebt man einen Gedanken, alias Wolke zur Seite? Nun gut, wir werden sehen.

Ein Glöckchen wurde geschlagen und los ging's. Die ersten gefühlten 10 Sekunden lief es wie geschmiert: eins einatmen, zwei Atem anhalten, drei ausatmen, eins einatmen, zwei Atem anhalten, drei ausatmen ...« Kein Gedanke, super! Dann hörte ich trotz dicker Wände entferntes Gelächter. Na toll! Ärger stieg in mir auf, wie sollte ich mich dabei aufs Atmen und Zählen konzentrieren? Konnten die nicht ein wenig leiser lachen? Null Rücksichtnahme, kein Feingefühl, albernes Volk. Bevor mein Ärger so richtig hochkochte, durchfuhr es mich: Halt! Ich sollte doch den Gedanken nicht bewerten, sondern ihn wie eine Wolke ziehen lassen, mich immer wieder auf den Atem konzentrieren. Eins einatmen, zwei Atem anhalten, drei ausatmen ... Mein Ärger löste sich überraschend schnell in Luft auf.

Für kurze Zeit funktionierte das. Dann ertappte ich mich, wie mein Unterbewusstsein die Wiederholung eins, zwei, drei, eins, zwei, drei ... ignorierte und gewohnheitsmäßig weiterzählte – drei, vier, fünf, sechs, sieben ... Verflixt ich schaffe es nicht mal, konzentriert eins, zwei, drei, eins, zwei, drei zu zählen. Da hatten wir's: mangelnde Konzentration! Mit einem leichten Anflug von Ärger zählte ich wieder: eins einatmen, zwei Atem anhalten, drei ausatmen, eins einatmen, zwei Atem anhalten, drei ausatmen ... Was waberte da überhaupt für ein Geruch durch den Raum? Hier »schweißelte« aber jemand gewaltig. Hatte der Raum keine Lüftung? Wahrlich, das Meditieren in einer Gruppe vermittelte einen ganz besonderen Spirit. Bitte schön, wie gelingt es, etwas wegzuschieben, das ständig um mich herumschweißelt?

Plötzlich fühlte ich, wie sich mein linkes Bein langsam in den Schlafmodus verabschiedete. ›Heiliger Buddha, das darf nicht dein Ernst sein, ich kann doch jetzt nicht aufstehen, der ganze Gruppenspirit geht ja flöten!‹ Atmen, zählen, konzentrieren – ahhhh. Das Glöckchen ertönte. 30 Minuten waren um. Allgemeines Räkeln und Strecken war angesagt. Alle blickten, wie aus einem Dornröschenschlaf erwacht, ein wenig schlaftrunken drein. Sollte so eine Meditation nicht putzmunter machen? Laut Plan folgten jetzt noch weitere 30 Minuten. Das Gleiche also noch mal? Ohne mich. Entwarnung: Wir wurden vom Yogalehrer ermuntert, über unsere Meditationserfahrung zu berichten:

Yogaschüler 1: »Ja, ich hatte das Gefühl, auf einer Wolke zu schweben, wie eine Feder, leicht und unbeschwert.«

Yogalehrer: »Das ist nicht Meditation, das war nicht achtsam, du warst im Trancemodus.«

Yogaschüler 2: »Ich musste die ganze Zeit an ein kühles Weißbier denken.« – Gelächter!

Yogalehrer: »Aha!«

Yogaschüler 3: »Ich möchte nicht darüber reden, da kam so viel blödes Zeugs hoch.«

Yogaschüler 4: »Da haben welche ständig gelacht, ich konnte mich nicht konzentrieren.«

Yogalehrer: »Wenn dich etwas ablenkt, kehre einfach zu deinem Atem zurück.«

Yogaschüler, Ich: »Ja, ging so. Zu Anfang lief es ganz gut, dann hörte ich das Gelächter, das konnte ich aber zur Seite schieben. Als ich dann Schweiß roch, war's mit meiner Konzentration vorbei!«

Yogalehrer: »Die einzige Konzentration ist die Konzentration des Beobachtens, ohne zu bewerten. Wenn der Gedanke kommt, nimm ihn wahr, gib ihm aber keine Nahrung, indem du ihm nachgehst.«

Aha, das musste ich erst mal verdauen. Nach der Stunde hatte ich ein zwiespältiges Gefühl. Auf der einen Seite war mein vorherrschender Gedanke, dass Meditation, außer schlechte Gerüche und eingeschlafene Füße, überhaupt nichts bringt. Andererseits wollte ich auch nicht die »Flinte ins Korn werfen«. Irgendwas musste ja dran sein. Ich beschloss, weiterzumachen und des Pudels Kern zu entdecken.

Schritt 1 – mich erst einmal umfassend über das Thema zu informieren.

Schritt 2 – es anschließend in der Praxis umzusetzen.

KLARE WORTE

## Wie alles begann – von Schamanen und ZEN

Sich über Achtsamkeitsmeditation zu informieren ist einfach. Man kann sich hierbei in Verzückung lesen und wenn man will, wird's auch richtig kompliziert. Das Wichtigste jedoch ist und bleibt die Praxis! Diese nimmt erstaunlich wenig Zeit in Anspruch (fürs Lesen habe ich deutlich mehr Zeit benötigt). Hierzu ein kleiner Einblick:

Los ging es mit den Schamanen (»die Wissenden«), mächtige spirituelle Persönlichkeiten der Jäger-und-Sammler-Kulturen. Diese setzten überall auf der Welt meditative Praktiken ein, um ein verändertes Bewusstsein in Form von Trancezuständen zu erreichen. Mit dem Übergang zum Ackerbau verschwanden die Schamanen. Nur ein paar »Schamaneninseln« aus archaischer Zeit haben sich noch in Nord- und Südamerika, Australien, Indonesien, Asien und Teilen Sibiriens gehalten. Die Esoterikwelle hat Ausdrücke wie Schamanismus, Neo-Schamanismus oder Schamanistik hervorgebracht, eine bunte Palette schamanischer Techniken aus verschiedenen Kulturen der ganzen Welt. Oft werden sie miteinander vermischt und zur Selbsterfahrung eingesetzt. In den Veden, den frühesten indischen Schriften vor ca. 5000 Jahren, ist dokumentiert, dass Yogis und Sadhus (heilige Männer) Meditation in Indien kultivierten. Vedische Priester zelebrierten spirituelle Gesänge und Rituale. Ihre Gebetsmeditation war eine Kombination aus Atemübungen und der Fokussierung auf das Göttliche. Aus den Veden entwickelten sich die zwei meditativen Traditionen Indiens: Yoga und Buddhismus.

Siddharta Gautama, der spätere Buddha (»der Erwachte oder Erleuchtete«), hatte bereits vor 2500 Jahren die Funktionen unseres

Geistes erforscht und tiefgreifende Erfahrungen gemacht. Er erkannte, dass jede Sinneserfahrung dazu führt, dass wir entweder angezogen oder abgestoßen werden – oder neutral reagieren. Reagieren wir neutral, d. h. ohne Bewertung, vergehen die Empfindungen und unser Geist wird ruhiger. Im Zuge dieser Erkenntnis entwickelte Buddha Techniken, die uns mit Klarheit, Offenheit, Mitgefühl, Präsenz und Achtsamkeit in Kontakt bringen. Zu seinen Hauptlehren zählen die »vier edlen Wahrheiten«. Was bedeuten sie?

Die erste edle Wahrheit (Dukkha): Leben ist Leiden.
Geburt, Altern, Sterben, Krankheit, Verlust ... ist mit Leiden verbunden. Leid erfahren wir auch dann, wenn wir an etwas oder jemandem festhalten (subtiles/offensichtliches Leid).

Die zweite edle Wahrheit (Samudaya): Dieses Leid hat konkrete Ursachen.
Durch Unwissenheit, das Anhaften an Dingen, Gier, Hass und Verblendung entsteht Leid. Menschen, Dinge und Erfahrungen werden unreflektiert bewertet. Zwischen Anhaftung und Abneigung verläuft unser Leben.

Die dritte edle Wahrheit (Nirodha): Eine Beendigung des Leidens ist möglich.
Wenn wir es schaffen, die Ursachen des Leidens, wie Gier, Neid, Anhaften, zu erkennen und zu beobachten, löst sich das Leid auf.

Die vierte edle Wahrheit (Magga): Es gibt einen Weg aus diesem Leid.
Der sogenannte »achtfache Pfad« (auch: achtgliedriger/achtstufiger Pfad oder Weg) beschreibt den Weg aus dem Leid. Der achtfache Pfad zum Nirwana gliedert sich in:

rechte Erkenntnis
rechte Gesinnung
rechte Rede
rechtes Handeln
rechter Lebenswandel
rechtes Streben
rechte Achtsamkeit
rechte(s) Konzentration/(sich versenken)

Die buddhistische Lehre befasst sich mit dem ewigen Kreislauf des Lebens, der Wiedergeburt (Reinkarnation), dem irdischen Leiden (Samsara) und dem Nirwana (Sanskrit – »verwehen«). Im Nirwana ist alles Begehren, alle Illusionen überwunden, der Mensch gilt als erwacht (Bodhi). Für Buddhisten ist das Nirwana die höchste Bewusstseinsform des Menschen. Mit bewusster, spiritueller Reife kann das Nirwana auch zu Lebzeiten (Arhat) erreicht werden (1. Stufe des Nirwana nach Rolf Elberfeld).

Siddharta Gautama, der Buddha, war ein echt kluger und weiser Mann. Überraschend viele Zitate sind von Buddha überliefert, obwohl jetzt mehr als 2.500 Jahre vergangen sind. Eines, das von großer Weisheit, von Wissen und Toleranz zeugt und so manchen Politiker oder selbsternannten Guru in Konflikte bringen dürfte, lautet:

»Glaubt den Schriften nicht, glaubt den Lehrern nicht, glaubt auch mir nicht. Glaubt nur das, was ihr selbst sorgfältig geprüft und als euch selbst zum Wohle dienend anerkannt habt.«

Mein Lieblingszitat:
»Wenn du ein Problem hast, versuche es zu lösen. Kannst du es nicht lösen, dann mache kein Problem daraus.«
(Mach ich dann leider doch ...)

Der Buddhismus ist keine Religion, auch wenn manche kulturellen Dispositionen oder Riten dies vermuten lassen. Die buddhistische Philosophie und Psychologie ist eine Lehre über die Erkundung des eigenen Geistes, des eigenen Lebens. Der Buddha selbst gab nur mündliche Unterweisungen. Diese Lektionen wurden von seinen früheren Schülern niedergeschrieben und in ihrer ursprünglichen Form bewahrt.

Nach Buddhas Tod begannen seine Anhänger, die Glaubenssätze (Ideologie, Wissen) unterschiedlich zu interpretieren. Im Laufe der Jahrhunderte sind neue Deutungen hinzugekommen. Die Regeln wurden strenger, dogmatischer und zahlreiche Schriften entstanden, mit denen sich der Buddhismus vom Ursprung entfernte. Neue Variationen des Buddhismus entstanden, u. a. Tibetischer Buddhismus (Hochland von Tibet), Tantrismus (Indien), Mahayana-Buddhismus (Vietnam, Japan, Tibet, Bhutan, Taiwan, China, Korea, teilweise auch Mongolei und asiatischer Osten Russlands), Chan Buddhismus (China) sowie der Sōtō- bzw. Zen-Buddhismus (Japan).

Wer sich intensiver mit dem Buddhismus auseinandersetzen möchte, dem kann ich folgende Bücher empfehlen:

»Der kleine Buddha« (Claus Mikosch)

»Einführung in den Buddhismus« (Michael Brück)

»Die Lehrreden des Buddha aus der Mittleren Sammlung« (Majjhima Nikaya)

## KLARE WORTE

»Wie Siddharta zum Buddha wurde: Eine Einführung in den Buddhismus« (Thich Nhat Hanh)

»Buddha« (Volker Zotz)

»Buddhismus für Dummies« (Jonathan Landaw, Stephan Bodian)

## Ich fang dann mal an ...

Nachdem ich mich durch diverse Fachliteratur gelesen hatte, war mein Resümee: Achtsamkeitsmeditation, frei von religiösen und ideologischen Zwängen, ist ohne Wenn und Aber eine super Sache! An Zutaten fehlte es nicht, mein »Motivationssüppchen« war aufgesetzt und köchelte erwartungsvoll vor sich hin. Jetzt hieß es nur noch üben: die Theorie in Praxis zu verwandeln. Für mich als Anfänger waren eine Stunde »Meditationstraining« die totale Überforderung, denn 60 Minuten können schnell zur qualvollen Ewigkeit werden. Der Geist ist gerade am Anfang recht unwillig und versucht, uns gedanklich wegzuziehen. Er braucht erst einmal Zeit, um sich an die Innenschau zu gewöhnen. Für meine Übungspraxis reichen 10 Minuten täglich, um bewusster durch den Tag zu gehen. Was im ersten Augenblick allerdings ganz easy klingt, hat es in sich. Es gibt viele Gründe, diese 10 Minuten aus »Zeitmangel« auf einen vermeintlich günstigeren Zeitpunkt zu verschieben. Dieser Zeitpunkt wird nicht kommen, irgendetwas ist immer wichtiger. Frei nach dem Motto: Zeit hat man nicht, Zeit muss man sich nehmen – fangen wir einfach an!

## Auf den Punkt!

Achtsamkeitsmeditation hilft uns, die eigenen Denkprozesse und Gefühle wahrzunehmen und die innere Haltung zu verändern.

Unser Geist ist unablässig in Bewegung. Er ist ein Spiegel unserer emotionalen Verfassung und ein genialer Wiederkäuer, der ständig vor sich hinplappert. Er bedauert oder zweifelt, konstruiert Geschichten, entwickelt Lösungen und verwirft diese wieder. Ein Wanderer zwischen Erinnerungen und Zukunft.

> Der Geist ist fast nie da, wo der Körper sich gerade aufhält: in diesem Augenblick! Und doch: Jeder Gedanke zählt, egal ob positiv oder negativ. Er gehört zu uns und erschafft unsere Wirklichkeit. Ihn zu kennen und zu tolerieren ist wichtig. Ihn ziehen zu lassen auch!

Wir haben Angst vor der Zukunft, sind unzufrieden mit der Gegenwart und bedauern die Vergangenheit. Wenn sich Endlosschleifen negativer Gedanken über uns, über Vergangenes und über die Zukunft einschleichen, kann diese Sichtweise sich tief in unser Gehirn einprägen. Das belastet die Psyche und kann mit Neurosen und Psychosen enden. Schauen wir dagegen positiv in den Tag, sind dankbar und freuen uns über unser Tun, dann erschaffen wir uns eine lebensbejahende Ausrichtung.

Wie innen, so außen! Wir können bei unseren Mitmenschen gut beobachten, wie sich, entsprechend der inneren Welt, das äußere Erscheinungsbild anpasst. So können sich zum Beispiel Mund und Mundwinkel einer wiederkäuenden, negativen Endlosschleife nicht entziehen: Zusammengepresste Lippen, in Kombination mit nach unten gezogenen Mundwinkeln, spiegeln Unzufriedenheit bis hin zur Verbitterung wider. Das kann so weit gehen, dass das Sprachzentrum involviert wird und laute Selbstgespräche über vermeintliche oder erfahrende Ungerechtigkeiten längst vergangener Tage geführt werden.

## Aha-Erkenntnis Nr. 1:
## Wir sind nicht unsere Gedanken!

Unser tägliches Gedankenkarussell umfasst rund 60.000 Gedanken, die unbewusst und unreflektiert uns und unser Sein begleiten.

Unsere Gedanken sind frei – und das nutzen sie aus. Sie kennen vielleicht das Experiment: »Denken Sie jetzt nicht an einen rosa Elefanten!« Natürlich denken Sie dann an einen blauen Elefanten. An die unverhoffte Nachzahlung an das Finanzamt, daran möchten Sie jetzt gerade nicht denken. An den verpatzten Urlaub vor drei Wochen auch nicht? Klappt nicht! Der Grund: Gedanken, die wir eigentlich unterdrücken möchten, drängen sich uns besonders vehement auf. Einmal getriggert, plappern sie fleißig vor sich hin. Doch: WIR sind nicht unsere Gedanken. Sie sind zwar wir, aber gleichzeitig sind sie es auch nicht.

Mit ein wenig Übung wird deutlich, dass angenehme und unangenehme Gedanken, Gefühle und Gewohnheiten nur flüchtige Phänomene sind, die kommen und gehen.
Zen-Meister Taisen Deshimaru (1914-1982) erklärt diesen Dialog folgendermaßen:

»Unser ›großes‹ Ich, das, was in uns nach Ruhe, Weisheit, Gleichgewicht und klarem Bewusstsein strebt, betrachtet unser ›kleines‹ Ich, das beunruhigt, verängstigt, aufgebläht und eitel ist.«

Was genau meinte er damit?

Beobachten wir unsere vorüberziehenden Gedanken, bemerken wir, dass sich diese oft im Kreis drehen. Sie wiederholen sich in einer Endlosschleife. Nehmen wir die Beobachterposition ein, sind wir nicht mehr der Spielball unserer Gedanken und Emotionen. Wir werden zum Regisseur (unser großes Ich), der das Theaterstück (unser kleines Ich) anschaut. Innerhalb der »Theatervorstellung« ist es uns möglich, spontan ablaufenden Reaktionen, wie z. B. unterdrückten Gefühlen, Frust, Wut oder schwelendem Ärger, auf die Spur zu kommen. So erkennen wir Muster, können die Gedankenschleifen unterbrechen und die Dramaturgie unseres Theaterstücks verändern.

Aha-Erkenntnis Nr. 2:
Achtsamkeit kann man bewusst in alltäglichen Aktivitäten erleben!

Mit der inneren Haltung und der Initialzündung, täglich zur gleichen Zeit eine entspannte Sitzposition einzunehmen und Achtsamkeit zu üben, sind wir »auf dem Weg«. Gefolgt vom guten Gefühl und unterstützt von der Disziplin, ist der nächste und wichtigste Schritt, das wache Bewusstsein im Alltag zu leben und zu integrieren. Sitzen und für 10 Minuten achtsam sein, ist eine interessante Erfahrung. Aber erst die bewusste tägliche Praxis bringt uns weiter.

Wir buchen damit quasi ein »Freihaus-Theater-Abo«.

Hier gibt es einen nachhaltigen Unterschied zwischen Alltagsbewusstsein und achtsamer Wahrnehmung.

KLARE WORTE

Beispiel Alltagsbewusstsein: Ich bemerke, dass der Motor meines Autos plötzlich Geräusche macht, die auf einen schwerwiegenden Schaden schließen lassen. Ich stelle mir vor, welche Folgen das haben kann, werde nervös und hektisch. Ich bin mit der Situation überfordert.

Beispiel achtsame Wahrnehmung: Ich bemerke, dass der Motor meines Autos plötzlich Geräusche macht, die auf einen schwerwiegenden Schaden schließen lassen. Ich nehme meine Gedanken und Gefühle wahr. Meine Atmung ist flach und hektisch, mein Herz schlägt schneller. Diffuse Ängste machen sich breit. Was sind das für Ängste? Ich habe Angst, dass viel Schererei auf mich zukommt. Die Reparatur teuer wird. Ein Ersatzfahrzeug wird benötigt und Termine können nicht wahrgenommen werden.

Ich atme bewusst tief ein und aus – und werde ruhiger. Ich gebe dem negativen Gedankenkarussell keine Nahrung, sondern stelle mir die Frage: Was kann schlimmstenfalls passieren? Eine Reparatur steht eventuell an. Kosten. Doch vielleicht ist es nur ein kleiner Schaden. Die nächste Werkstatt ist nicht weit. Gut, dass der Schaden nicht auf der Autobahn passiert ist. Ich bin ruhig, gefasst und Herr der Situation.

Thich Nhat Hanh meint dazu:

»Achtsamkeit bedeutet, das Bewusstsein für die gegenwärtige Wirklichkeit empfänglich zu halten. Sie ist das Wunder, durch das wir uns überwinden und erneuern.«

## Selbstreflexion/ Achtsamkeit im Hier und Jetzt

Das ist die Königsdisziplin, wobei die Betonung auf Disziplin liegt. Angesichts von Druck und Hektik ist das Innehalten eine große Herausforderung. Hierfür nehmen wir uns keine Zeit oder vergessen es einfach. Irgendwie bewältigen wir den Alltag und merken oft erst am Ende des Tages, wie es uns geht. Um den gegenwärtigen Moment im Hier und Jetzt bewusst zu erleben, ist die Verbindung zu uns selbst und unseren Bedürfnissen essenziell.

Wie geht das?

Einfach während einer Tätigkeit oder eines Gedankenganges mal »Stopp!« sagen und sich beobachten (reflektieren): Lege ich ganz bewusst die Zahnpasta ins obere Regal oder lege ich sie »automatisch« und gedankenlos ab? Gehe ich aufrecht zum Chef oder ist meine Haltung nach vorn gebeugt mit eingezogenen Schultern? Atme ich bei Stress tief in den Bauch oder flach und hektisch im Brustbereich?

## Achtsamkeitsmeditation

### Die Basisvorbereitung – Sitzhaltung

Achtsamkeit kann man mit einem Muskel vergleichen, und ein Muskel, der nicht trainiert wird, verkümmert. Kurze Achtsamkeitsmomente lassen uns aufhorchen und schaffen ein »Das-hätte-ich-jetzt-nicht-gedacht-Erlebnis«. Wird der »mentale Muskel« nicht trainiert, sind wir schnell wieder im alten Gedankenmuster. Doch ähnlich wie beim Zähneputzen können wir eine neue Gewohnheit etablieren und den neuen Muskel trainieren. Dafür wählen Sie einen angenehmen Ort, immer die gleiche Zeit und nehmen eine bequeme Sitzposition ein. 10 Minuten täglich genügen. 10 Minuten, in denen wir in uns ruhen.

Die Sitzhaltung ist für das Üben der Achtsamkeitsmeditation besonders geeignet, da wir für die Körperspannung wenig Energie benötigen. In asiatischen Ländern ist man traditionell daran gewöhnt, den vollen oder halben Lotossitz einzunehmen. Dem Lotossitz haftet etwas Exotisches an und er ist ein echter Hingucker. Wer diese Position einnimmt, vermittelt, ein »Profi« zu sein. Andere Länder, andere Sitzgewohnheiten. Für den Trainingserfolg unseres »mentalen Muskels« muss es nicht unbedingt diese Sitzhaltung sein. Ungeübte Europäer, die den Lotossitz einnehmen, können ihren Knien schaden, wenn sie mit Druck in Richtung Boden gedehnt werden. Der Schneidersitz oder eine gerade Sitzposition auf dem Stuhl sind moderate Alternativen.

— **Und los geht's!** —

**Achtsamkeit**
Sorgen Sie an Ihrem Lieblingsplatz für eine angenehme und friedliche Atmosphäre.

Setzen Sie sich entweder auf einen Stuhl, auf den Boden oder auf ein Meditationskissen.

Egal für welche Sitzposition Sie sich entscheiden, die Sitzhaltung sollte aufrecht und gerade sein.

Ein aufrechter Rücken bewirkt, dass sich die Brust öffnet, Sie frei atmen können und ein ungehinderter Energiefluss folgt.

Senken Sie den Kopf leicht nach unten. Lippen und Kiefer sind entspannt. Die Arme hängen locker. Die Hände liegen mit den Handrücken nach unten im Schoß oder mit den Handflächen auf dem Oberschenkel.

Die Augen sind halb geschlossen, der Blick ist auf den Bereich vor Ihnen gerichtet. Sie können natürlich auch mit offenen oder geschlossenen Augen in die Achtsamkeitsmeditation gehen.

Der Nacken ist gerade, die Schulten sind entspannt. Kinn leicht eingezogen.

Atmen Sie ruhig durch die Nase

### Ich bin achtsam

Wir kommen zum Eigentlichen, zur Essenz und hier gibt es nur eins zu tun – nämlich (fast) nichts! Achtsamkeitsmeditation funktioniert auch ohne Räucherstäbchen oder Meditationsmusik. Die Quintessenz, frei von Ideologie, Esoterik und Religion, reduziert sich auf diesen einen Ablauf:

Unsere Aufmerksamkeit ist auf die Atmung gerichtet, insbesondere auf das Ausatmen: Wir atmen langsam aus, ohne etwas zu erzwingen. Die Atmung wird in den Bauchbereich unterhalb des Nabels gelenkt. Wir atmen ruhig und entspannt. Ist unser Bewusstsein zu aufgewühlt, zählen wir still unsere Atemzüge: Einatmen eins, Atem halten, ausatmen zwei, einatmen eins, Atem halten, ausatmen zwei ...

Siddharta Gautama, der Buddha, hat diesen Vorgang unprätentiös beschrieben:

## KLARE WORTE

»Wenn ich einatme, weiß ich, dass ich einatme, wenn ich ausatme, weiß ich, dass ich ausatme.«

Das klingt vorerst wie 1 + 1 = 2. Was ist daran so spannend? Sicher, über eine kurze Zeit fällt das Atembewusstsein leicht. Einatmen – ich nehme nur mein Einatmen wahr, ausatmen – ich nehme nur mein Ausatmen wahr. Es dauert jedoch nicht lange und die Gedanken schweifen ab, sie gehen auf Reisen, unser Gehirn schaltet wieder den Gedankenturbo ein. Gerade wenn wir zur Ruhe kommen, verarbeitet das Gehirn alle unsere Empfindungen, visuellen Eindrücke, Emotionen und Gedanken. Unser Verstand redet permanent mit sich selbst und verstrickt sich dabei gerne in endlose Geschichten, mit häufig problembeladenem Ausgang. Das ist normal. Unser Gehirn kann nicht nicht denken. Es liegt in seiner Natur, von allein Gedanken hervorzubringen. Sind wir nun darüber verärgert, dass uns die Gedanken unaufgefordert heimsuchen? Sträuben wir uns mit aller Macht dagegen? Keineswegs! Achtsamkeit ist weder eine mentale Anstrengung noch der Versuch, den Verstand zu kontrollieren. Das wäre wie Öl ins Feuer zu gießen oder krampfhaft einschlafen zu wollen. Achtsamkeit ist offen für alles, was wir wahrnehmen, und das heißt, sich ganz auf den Moment einzulassen, ohne sich damit zu identifizieren. Zu den Wahrnehmungen können Erinnerungen, Gefühle, Sinneserfahrungen, äußere Vorgänge und körperliche Reaktionen gehören. Konkret geht es darum, die Aufmerksamkeit auf Körper, Atmung und eigene Gedanken zu richten.

Der Geist soll also einfach weiterplappern?!

Anders als oft gedacht, geht es nicht darum, negative Gedanken zu unterdrücken, im Gegenteil: Jeder Gedanke wird und soll wahrgenommen werden, ohne diesen zu bewerten.

Sobald wir bemerken, dass unsere Aufmerksamkeit sich an einen Gedanken heftet, wir Selbstgespräche führen und Geschichten erfinden, sagen wir innerlich: Stopp! Wir beobachten den Gedanken, sehen ihn als flüchtige Wolke am klaren Himmel und lassen ihn ziehen.

Wie geht das?

Stellen Sie sich vor, Sie sind mitten in der Achtsamkeitsmeditation. Plötzlich müssen Sie an die Firma denken. Es drängt sich der Gedanke auf: »Mein Chef hat mich heute völlig ignoriert!« Normalerweise würden Sie den Gedanken weiterführen, wie z. B.: »Was hat mein Chef nur, mache ich was falsch? Steh' ich auf der Abschussliste?« Es folgt unweigerlich ein endloser Rattenschwanz von Vermutungen, Theorien und halbherzigen Strategien.

Stopp!

Versuchen Sie, es bei dem ersten Gedanken zu belassen: »Mein Chef hat mich heute völlig ignoriert!« Vor Ihrem geistigen Auge ist klarer Himmel und dort steht nur in »Wolkenschrift« der Satz: »Mein Chef hat mich heute völlig ignoriert!« Die Schriftwolke steckt nicht in Ihrem Kopf, sondern ist weit weg. Sie erinnern sich: Sie sind der Schauspieler (Ihr großes Ich), der sein Theaterstück (Ihr kleines Ich, die Wolke) anschaut. Was passiert? Die Wolke bekommt keine »Gedankennahrung«, keine Energie mehr. Der Satz löst sich auf, zieht davon. Klarer Himmel!

Sie lenken Ihre Aufmerksamkeit wieder auf den Atem. Einatmen eins, kurz Atem anhalten, ausatmen zwei, einatmen eins, Atem anhalten, ausatmen zwei …

Fakt ist, das Gedankenkarussell dreht sich weiter, der Geist arbeitet unermüdlich und drängt in das Bewusstsein. Es dauert nicht lange, da steht der nächste Gedanke, das nächste Selbstgespräch

## KLARE WORTE

an. Der Prozess wiederholt sich. Aber wir projizieren unsere Wolkenschrift auf die »Himmelsbühne«, schauen darauf und nehmen sie nur wahr. Einatmen eins, Atem halten, ausatmen zwei ...

Letztlich geht es darum, die Aufmerksamkeit immer wieder zum gegenwärtigen Moment zurückzubringen.

Über kurz oder lang benötigen Sie die Unterstützung der Wolkenschrift nicht mehr. Sie werden merken, wenn Sie den Gedanken bewusst wahrnehmen, wird er genauso unauffällig verschwinden, wie er gekommen ist.

## In den Alltag integrieren – achtsames Gewahrsein

Achtsamkeit »pflegen« heißt, sie in unser tägliches Leben zu integrieren. Klingt so einfach und ist so schwierig.
Mit einer Übung gebe ich Ihnen einen kleinen »Anstupser«. Den ersten Schritt machen Sie genau jetzt, während Sie diese Zeilen lesen. Sind Sie bereit? Gut, halten Sie kurz inne und beobachten Sie Ihren Atem und nehmen Sie ihn bewusst wahr: Atmen Sie ruhig und tief? Ist Ihre Ausatmung länger als die Einatmung? Ist Ihr Körper angespannt? Eventuell werden Sie feststellen, dass Sie flach und kurz atmen und dass Nacken oder Schultern angespannt sind. Korrigieren Sie sich, atmen Sie gleichmäßig und ruhig, entspannen Sie den Nacken und die Schulterpartie und lesen Sie dann weiter.

Gewohnheit, Routine und Undankbarkeit verhindern Achtsamkeit. Alles, was wir für selbstverständlich halten, bereitet uns keine Freude und lässt uns nicht mehr staunen. Neugierde auf den Moment, innehalten und bewusst spüren: sich einlassen auf das, was gerade ist – diese Einstellung hält uns wach und lebendig!

Die folgende Übung trainiert Ihren »Achtsamkeitsmuskel« und Sie werden erstaunt sein, was Sie alles neu wahrnehmen.

### — Drei achtsame Stufen – Achtsamkeitsübung —

1. Ich nehme meinen Körper bewusst wahr.

    Wie stehe oder sitze ich gerade?

    Ist meine Wirbelsäule gerade aufgerichtet?

    Spanne ich mehr Muskeln an, als ich gerade benötige?

    Spüre ich meine Füße, flach auf dem Boden stehend?

    Habe ich einen heiteren Gesichtsausdruck?

2. Ich nehme meine Atmung bewusst wahr.

    Wie atme ich? Atme ich tief, gleichmäßig und ruhig?

    Atme ich, ohne die Bauchmuskeln anzuspannen?

    Bewegt sich der Bauch, bewegt sich die Brust?

    Sind Schultern und Nacken locker?

    Kommt nach der Ausatmung eine kurze Atempause?

3. Ich nehme meine Gedanken bewusst wahr.

    Was denke ich, was bewegt mich gerade?

    Warum habe ich das eben gerade so und nicht anders gedacht oder gesagt?

War Eitelkeit im Spiel? Kokettiere ich mit meinem Wissen?
Wollte ich mich interessant machen?
Möchte ich dominieren und meinen Gesprächspartner kleinhalten?
Und vor allem: Wozu mache ich das? Welches Gefühl steckt dahinter?

Nach dieser Mini-Achtsamkeitsübung bin ich immer wieder verblüfft, wenn mir bewusst wird, wie meine Gedanken, Gefühle und körperlichen Anspannungen meinen Körper und Geist infiltrieren. Ohne Einladung, leise durch die Hintertür, betreten sie mein Haus. Kein Wunder, wenn ich bei meinem Gegenüber ungewünschte Reaktionen erzeuge. Frei nach Ovid, »Wehret den Anfängen«, komme ich ihnen mit Achtsamkeit auf die Spur. Ich beobachte meine unbewussten Gedanken, um meine Reaktionen besser deuten und steuern zu können. Shauna Shapiro und Linda Carlson haben es in ihrem Buch über die Kunst und Wissenschaft der Achtsamkeit treffend formuliert:

»Es geht darum, sich ins Gedächtnis zu rufen, dass man umsichtig und bewusst auf das achtet, was in unmittelbareren Erfahrungen geschieht.«

Hierfür reicht es schon, dass man über den Tag verteilt immer wieder innehält und seine Tätigkeiten bewusst korrigiert.

... beim Essen:
Nehme ich bewusst das Heben der Nahrung zum Mund, das Kauen, Schmecken und das Schlucken wahr?
Langsam kauen!
Atme ich ruhig und bewusst, tief in den Bauch?
Habe ich einen heiteren Gesichtsausdruck?!

... beim Gehen:

Achte ich auf das Abrollen der Fußsohlen. Hängen die Schultern locker nach unten? Ist die Halswirbelsäule aufgerichtet?

Atme ich ruhig und bewusst, tief in den Bauch?

Habe ich einen heiteren Gesichtsausdruck?!

... beim Autofahren:

Greife ich das Lenkrad verkrampft? Sitze ich angespannt? Nehme ich jedes andere Fahrzeug, die Menschen, die Landschaft bewusst wahr?

Atme ich ruhig und bewusst, tief in den Bauch?

Habe ich einen heiteren Gesichtsausdruck?!

... im Gespräch:

Achte ich darauf, was ich sage und warum ich es so sage. Gibt es eine körperliche Resonanz, z. B. habe ich ein flaues Gefühl im Magen?

Bin ich meinem Gesprächspartner gegenüber aggressiv, ängstlich oder gleichgültig eingestellt?

Atme ich ruhig und bewusst, tief in den Bauch?

Habe ich einen heiteren Gesichtsausdruck?!

Die Liste ließe sich beliebig fortsetzen. Entscheidend ist jedoch, dass Sie einfach anfangen, sich bewusst wahrzunehmen, und achtsam mit Körper und Geist umgehen.

KLARE WORTE

## Achtsamkeit, DAS rezeptfreie Wunder? Warum macht es dann nicht jeder?

Auch wenn die Fragen (und noch mehr die Antworten) jede Menge Spekulationspotenzial bergen, lassen sich die Argumente für mich auf einen Satz reduzieren:

»Das Wunder der Achtsamkeit ist zum einen kostenlos und zum anderen bewirkt es sehr viel Positives für Leib und Seele.«

Sicher, dieses Prädikat hat auch frische, klare Luft. Wir atmen, seitdem wir auf der Welt sind, automatisch, ohne großartig darüber nachzudenken und dabei in Ehrfurcht zu erstarren. Auch eines der Wunder, welches ohne Motivation und Neugierde funktioniert. Unser Wunder Achtsamkeit verlangt zuallererst eines: Interesse! Interesse steuert wiederum die Wahrnehmung. Uns interessiert, was begeistert und berührt.

Wenn ich z. B. eine Wiese betrachte, dann kann mein Interesse gleich null sein und ich nehme die Wiese als einen uninteressanten Fleck Grünzeug wahr. Betrachte ich die Wiese aber mit großem Interesse, dann erschließt sich mir die erstaunliche Vielfalt, der faszinierende Kosmos der Pflanzen und Gräser. Es bereitet mir Freude, meine Begeisterung für immer neue Details zu entdecken. Meine Wahrnehmung für »Wiese« wird geschärft, ein Wunder der Natur.

Das Kolosseum in Rom, dieses großartige Bauwerk der Antike, wurde jahrhundertelang als Steinbruch für andere Bauten genutzt. Es verkam schließlich zu einer Ruine, einem hässlichen Trümmerhaufen in der ewigen Stadt. Erst in der Renaissance interessierte man sich wieder für die Baukunst der Antike und erkannte die Einzigartigkeit dieses Gebäudes. Heute ist das Monument längst zur viel bewunderten Sehenswürdigkeit für Touristen geworden. Ohne dieses Interesse wäre das Kolosseum heute bedeutungslos.

### Das Interesse steuert die Wahrnehmung.

Viele Menschen haben Interesse an Achtsamkeitsmeditationen. Stellen sich die erhofften, positiven Effekte jedoch nicht schnell genug ein, lässt das Interesse nach einigen »Sitzungen« schnell wieder nach. Die »Belohnung« lässt auf sich warten, sie soll bitteschön unmittelbar erfolgen. Tausche intensiven Einsatz gegen schnellen Erfolg!

Die Wahrheit ist, Achtsamkeit entwickelt sich organisch, ohne Druck. Die Übung erfordert Entschlossenheit, Kontinuität und ist unabhängig von der Dauer. Wichtig ist, dass wir uns darauf einlassen, achtsam zu sein, und die Räume dafür erweitern. Achtsamkeit erfahre ich! Und noch etwas: Starten Sie mit kleinen Schritten und erweitern Sie Stück für Stück den achtsamen Raum in und um sich herum.

Laotse (chinesischer Philosoph, 6. Jhd. v. Chr.) sagte einmal: »Handle ohne Erwartung.«

Das ist subtil und keinesfalls einfach, da fast alles aus unseren Erwartungen resultiert. Wenn wir etwas erwarten, dann haben wir das Gefühl, ein Recht auf eine Sache zu haben, und wenn die Dinge anders laufen, als wir erwarten, sind wir enttäuscht. Wir können jedoch davon ausgehen, dass vieles von dem, was wir erwarten, nicht eintrifft. Enttäuschungen sind dann vorprogrammiert.

Tasten wir uns also in kleinen Schritten an unser Innerstes heran. Achtsamkeit ist erwartungsfrei. Achtsamkeit ist offen, für alles, was wir wahrnehmen. Achtsamkeit ist alles und nichts! Wir

KLARE WORTE

können entspannt, neugierig, fröhlich, gelassen und still unser eigenes Universum betreten, uns ganz auf den Moment einlassen und es ohne Erwartungen verlassen.

»Und ich habe mich so gefreut!«, sagst du vorwurfsvoll, wenn dir eine Hoffnung zerstört wurde.
»Du hast dich gefreut – ist das nichts?«
*Marie von Ebner-Eschenbach (1830–1916)*

## Was bringt Achtsamkeit noch?

Erstaunlich viel. Achtsamkeit schenkt vor allem Klarheit. Wenn wir uns beobachten, ohne uns zu bewerten, lernen wir viel über unsere inneren Muster und über die Zusammenhänge zwischen unseren Gefühlen, Gedanken und Bedürfnissen.

Probieren Sie es einfach aus und bleiben Sie »dran«, ohne großartig darüber nachzudenken. Dann ziehen Sie selber für sich Bilanz. Schreiben Sie z. B. ein Achtsamkeitstagebuch.

Achtsamkeit ...
... aktiviert die Selbstheilungskräfte.
... hilft bei der Regulierung negativer Emotionen.
... fördert Gelassenheit und Selbstbeherrschung.
... stellt eine wohltuende Nähe zu sich selbst her.
... hilft dabei, bewusster durchs Leben zu gehen.
... bringt Klarheit.
... hilft, besser mit sich selbst und anderen kommunizieren zu können.

... stabilisiert Gesundheit auf körperlicher, geistiger und emotionaler Ebene.

Wir beobachten unsere inneren Muster und erkennen Zusammenhänge zwischen unseren Bedürfnissen, Gefühlen und Gedanken. Achtsamkeit lehrt uns, Lösungen in den Problemen zu sehen. Wir sind bewusster im Augenblick und dadurch präsenter!

## Resümee

Ich hatte noch eine weitere »Aha-Achtsamkeitserkenntnis«: Nach mehreren Stunden konzentrierter Bildschirmarbeit bemerkte ich einen spontanen »Kontrollimpuls«: Ich nahm meine Körperhaltung bewusst wahr. Erschreckend. Sie war teilweise verkrampft, krumm, nach vorne gebeugt und angespannt. Kein Wunder, dass ich schon seit längerer Zeit Verspannungen im Nacken verspürte. Kurzes Innehalten, ruhiges Aufrichten, tiefes Durchatmen und schlagartig hatte ich das Gefühl, dass meine »Energiegeister« zu neuem Leben erwachten. Kleiner Einsatz, große Wirkung! Ich nenne das »Achtsamkeitsselfie«, ein Check, ein Nachschauen, was gerade mit mir los ist, das ist eine Momentaufnahme meiner Gefühle, Gedanken und Haltung. Seitdem bin ich wesentlich aufmerksamer und präsenter. Ich erkenne besser meinen Autopiloten (alias Unterbewusstsein, Botenstoffe, Muster) und bemerke Dinge, die ich aufgrund von Stresssituationen, gedanklicher Abwesenheit oder was mir sonst so in die Quere kommt nicht mehr wahrgenommen habe.

Mittlerweile geben mir die Achtsamkeitsselfies genug Stabilität und Leichtigkeit, um meinen unbewussten Autopiloten gut durch den Tag zu navigieren. Negative Gedanken, Anspannungen oder destruktive Verhaltensmuster finden aber natürlich noch immer ihre Hintertürchen, dafür sind sie viel zu clever. Es bedarf schon eines wachsamen, unbestechlichen Guardian, um ihnen auf die Schliche zu kommen. Gut, dass ich ihn habe!

Achtsamkeitsmeditation ist nicht nur eine Lifestyle-Erscheinung, ein kurzfristiger Hype, ein lukratives »Business« für die Zukunft. Achtsamkeitsmeditation ist ein innerer Prozess, bei dem wir lernen, uns auf uns selbst zu besinnen. Es gibt viele Wege, die nach Rom führen. Aber egal, für welchen achtsamen Weg Sie sich entscheiden:

»Es gibt nichts Gutes – außer man tut es!«
*Erich Kästner (1899–1974)*

## Und dann so stark wie nie zuvor!

Was ist mit mir los?
Zum Leben keine Zeit
Ruhelos und Müdigkeit
Immer auf der Jagd
Weit fort von mir selbst
Von mir selbst

Dann kommt der Moment
Da ist es plötzlich still
Ausgebrannt und ich will
Ganz woanders sein
Und wie ein neuer Mensch,
Neuer Mensch

Und dann so stark wie nie zuvor!
Und dann so stark wie nie zuvor!

Im Kopf ein Vulkan.
Ich fühle mich leer und schwer
Und möchte überhaupt nichts mehr
Nur alleine sein
Mich suchen und versteh'n
Und versteh'n

Ich weiß genau
Es liegt oft nur an mir
Zu sagen einfach: »Jetzt und hier
Das ist deine Chance.«
Zu finden und versteh'n
Und versteh'n

Und dann so stark wie nie zuvor!
Und dann so stark wie nie zuvor!

*(Song: So stark wie nie zuvor / Peter Berliner)*

## Fragen & Antworten aus meinen Seminaren

**Ich kann meine Gedanken nicht stoppen, was soll ich tun?**

Gerade am Anfang hat man das Gefühl, machtlos in einem Gedankenkarussell zu sitzen. Tatsache ist: Gedanken kommen und gehen, das lassen sie sich nicht verbieten. Die Vorstellung, sie wie schnatternde Gänse in einen Käfig zu sperren, ist eine Illusion. Das ist auch gar nicht notwendig. Stellen Sie sich vor, Ihre Gedanken wären Feuer, das mit Emotionen, Erinnerungen, Plänen etc. versorgt wird. Wenn Sie ständig Brennmaterial nachlegen, brennt das Feuer lichterloh. Wenn Sie es nur beobachten, wird es schwächer. Sie entziehen dem Feuer den Brennstoff, so dass es dann irgendwann ausgeht. Also akzeptieren Sie das Gedankenkarussell, ohne mitzufahren. Besinnen Sie sich immer wieder auf Ihren Atem und folgen Sie diesem.

»Der Meditation geht es nicht um den Versuch, irgendwo hinzugelangen. Es geht darum, dass wir uns selbst erlauben, genau dort zu sein, wo wir sind, und genau so zu sein, wie wir sind. Und auch der Welt zu erlauben, genauso zu sein, wie sie in diesem Augenblick ist.«
*Jon Kabat-Zinn*

### Wann ist die beste Zeit zum Meditieren?

Ganz einfach: wenn Sie dafür bereit sind, sich ausreichend Zeit nehmen und sich bewusst darauf einlassen möchten. Und das kann zu jedem Zeitpunkt sein. Gern wird der frühe Morgen kurz nach dem Aufstehen bevorzugt. Die Gedanken sind dann weniger aktiv und die Wahrnehmung ist noch ungefiltert. Abends vor dem Schlafengehen ist ebenfalls eine gute Gelegenheit. Der Tag klingt ruhig aus, das Unterbewusstsein ist weniger auf Habachtstellung vor irgendwelchen Überraschungen. Immer zur gleichen Zeit zu meditieren, hilft der Psyche, eine neue Gewohnheit anzunehmen. Mit der gleichen Selbstverständlichkeit und ohne innerliche Diskussionen funktioniert das tägliche Zähneputzen.

### Was soll ich tun, wenn mein Fuß einschläft?

Der Fuß schläft keineswegs ein, er »protestiert« nur. Durch die ungewohnte Haltung kommt es zu einer »Leitungsblockade«, wobei der Nerv infolge starken oder langanhaltenden Drucks nur eingeschränkt Informationen ans Gehirn weiterleitet. Das macht sich dann als Kribbeln und Taubheitsgefühl bemerkbar.

Es gibt zwei Möglichkeiten, damit umzugehen:

1. Die Empfindung nicht bewerten, sondern einfach annehmen. Sie geben der Situation keine Energie, was wiederum das Kribbeln »auflösen« kann.

Angenehmer und auch sinnvoller ist jedoch:

2. Sie verändern die Position, korrigieren Ihre Sitzhaltung und dehnen die Gliedmaßen.

Wie schon beschrieben, muss man weder im Lotos- noch im Schneidersitz meditieren. Entscheidend ist, sich in der Position wohlzufühlen.

### Wie lange soll ich meditieren?

Buddhistische Mönche meditieren bis zu 14 Stunden – nonstop, ohne Unterbrechung. Im Vergleich dazu erscheint eine Stunde als kurzer Sprint. Jedoch, viel hilft nicht viel: Es gibt keine allgemeingültige Empfehlung. Meditation sollte sich nicht als Zwang anfühlen oder als Zeitabsitzen wahrgenommen werden. Ich empfehle, mit 5 Minuten regelmäßig zu starten und dieses Zeitfenster dann bis zu 20 Minuten auszudehnen.

Wichtig ist, vorab eine Zeit zum Meditieren festzulegen und einen Wecker zu stellen. So vermeiden Sie, dass die Gedanken um den zeitlichen Ablauf kreisen, wie z. B.: »Jetzt müsste es genug sein, wie lange meditiere ich eigentlich schon, heute kann ich mich gar nicht fokussieren und sollte abbrechen.«

Beachten Sie: Wenn nur 10 Minuten zur Verfügung stehen, meditieren Sie 5 Minuten. Genießen Sie das Ritual, d. h. die Zeit davor und danach. Entscheidend ist die Regelmäßigkeit. *(Meditation Vipassana, Download www.peterberliner.de)*

Merke: Sie sind der Maßstab.

### Wie werde ich negative Gedanken los?

Zuallererst sind wir es, die Gedanken als positiv oder negativ, als nützlich oder nutzlos bewerten. Und das ist der springende Punkt: unsere Bewertung. Je emotionaler uns eine Situation berührt, desto intensiver geht sie im Kopf um. Auch wenn wir ahnen, ja häufig auch wissen, dass die Realität eine andere ist, fahren wir mit fast masochistischer Freude Runde um Runde im negativen Gedankenkarussell.

Mit anderen Worten, der Gedanke »verhungert« ohne Bewertung. Also: Durch das Annehmen verlieren die Gedanken ihre negative Bewertung für uns.

### Woher weiß ich, dass ich richtig meditiere?

Der Wunsch nach Erfolg liegt in jedem Menschen verborgen. Man verfolgt ein Ziel und möchte es auch erreichen. Diese Herangehensweise führt jedoch bei der Meditation in eine Sackgasse. Es wartet nicht DAS Ziel. Es erwartet uns ein Weg, der das Ziel ist. Die Frage, die Sie sich beantworten sollten: Bin ich dafür bereit oder nicht? Meditation »funktioniert« ohne Zwang und geschieht, wenn wir loslassen. Wenn Sie bereit sind, dann haben Sie auch jegliche

Erwartungshaltung abgelegt. Sie wissen, es gibt nichts abzuarbeiten, nichts zu beweisen. Ihre Achtsamkeit ist im Augenblick. Und wenn Sie sich in Gedanken verlieren, in die Zukunft oder in die Vergangenheit abschweifen, dann bringen Sie Ihre Achtsamkeit sanft und rücksichtsvoll zurück.

Drei Herangehensweisen sind hilfreich:

- Machen Sie die Meditation zur festen Gewohnheit, d. h. praktizieren Sie sie jeden Tag.
- Versuchen Sie, alle Erwartungen loszulassen.
- Analysieren Sie nicht fortwährend, ob Sie die richtige Technik anwenden.

**Wie bemerke ich Fortschritte?**

Erwartungen sind die Fallstricke der Meditation. Je weniger Sie erwarten, desto freier kann sich das Bewusstsein entwickeln. Davon abgesehen nimmt jeder Mensch anders wahr. Der eine bemerkt ein klareres Denken, der andere registriert, dass seine Unzufriedenheit nachlässt. Ein anderer wiederum erfährt die Rückmeldung, gelassener zu wirken. Es ist der leise, unmerkliche Übergang, der Gedanke, ein Teil des großen Ganzen zu sein, den wir langsam verinnerlichen.

»Flüsse, die ins Meer fließen, verlieren ihren Namen.«
*Buddhistisches Sprichwort*

# 3 ICH ATME ...

## Mit der Atmung innere und äußere Balance finden

7 ... 12 ... 15 Sekunden ... »Äääää ...!« Ein markerschütternder Schrei erfüllt den Kreissaal. Ein neuer Erdenbürger betritt lautstark die Bühne des Lebens. Bilderbuchstart.

Maximal 30 Sekunden stehen einem Baby zur Verfügung, um lauthals zu schreien und die Lunge mit dem lebensnotwendigen Sauerstoff zu versorgen. Ein individueller, lebenslanger Atemautomatismus beginnt: Einatmen, ausatmen, einatmen und ausatmen – nur der Tod beendet diesen Zyklus. Atmen heißt Leben! Alles beginnt und endet mit der Atmung.

Wie war das doch gleich? Atmen kann jeder. Warum also atmen lernen? Es scheint ziemlich seltsam, atmen zu lernen, schließlich tun wir das seit unserer Geburt. Ein Blick über den Tellerrand zeigt, Atemübungen sind im fernen Osten seit mehr als 2000 Jahren bekannt. In Japan, Indien oder China gehören sie zur täglichen Gesundheitsvorsorge, oft in Verbindung mit Meditationsübungen,

Yoga, Tai Chi oder Qigong. Höchste Zeit also, unseren lebenslangen, stillen Begleiter genauer unter die Lupe zu nehmen.

Durchschnittlich 16 Mal pro Minute atmet ein erwachsener Mensch und holt somit ca. 23.000 Mal Luft am Tag. Da kommen im Jahr mehr als 8 Millionen Atemzüge zusammen. Ein Atemzug füllt die Lunge mit einem halben Liter Luft, das summiert sich auf stolze 4.200.000 Millionen Liter Luft im Jahr. Genug, um damit mehr als zwei große Schwimmbecken zu füllen! (Wer's nicht glaubt – Taschenrechner raus!)

Die Luft, die wir einatmen, ist ein Cocktail aus verschiedenen Gasen unserer Atmosphäre. Mit 78 Prozent hält Stickstoff den Löwenanteil. Dieses Gas können wir allerdings für unsere Atmung nicht gebrauchen. Kohlenstoffdioxid ist mit 0,03 Prozent vertreten, hinzu kommen rund 0,97 Prozent Edelgase. WIR benötigen Sauerstoff, den wichtigsten Energielieferanten unseres Körpers. Sauerstoff ist mit 21 Prozent in der Luft enthalten. Gut trainierte Menschen können ca. 8 Prozent Sauerstoff verwerten. Im Gegensatz dazu haben Couchpotatoes schlechte Karten, gerade mal 3 Prozent Sauerstoff verwerten sie bei gleicher Atemintensität. Um ihren Sauerstoffgehalt zu erhöhen, müssen untrainierte Menschen die Atemintensität steigern und switchen meistens unbewusst in den »Hechelmodus«. Somit atmen sie zwar schneller, aber auch flacher.

Die Atemwege der Lunge sind ein wahres Labyrinth. Wir können uns den Aufbau als einen auf dem Kopf stehenden Baum vorstellen. Die Luftröhre ist der Stamm, dieser gabelt sich in zwei Baumkronen, die beiden Lungenflügel. Beim Einatmen strömt die Luft durch die Luftröhre und in ihre Verzweigungen, die Bronchien. Von hier aus verzweigen sich die Atemwege immer feiner bis in die winzigen Lungenbläschen. Das ist die Oberfläche, an der die Gase ausgetauscht werden. Luftbläschen erinnern ein wenig an winzige Weintrauben. Sie werden auf ungefähr 300 Millionen mit einer Gesamtoberfläche von 80-120 m² geschätzt. Das entspricht der Größe eines Tennisplatzes! Jedes Luftbläschen wird von einem dichten Netz Lungenkapillaren umschlossen. Aus der eingeatmeten Luft nehmen diese Kapillaren den Sauerstoff auf und geben Kohlenstoffdioxid (verbrauchter und an Kohlenstoff gebundener Sauerstoff) ab. Der Sauerstoff wird nun über die roten Blutkörperchen zu den entsprechenden Organen transportiert. 900 Milliliter Blut werden zeitgleich über die Luftbläschen mit Sauerstoff versorgt. Luftbläschen machen die Lunge bildlich gesehen zu einem großen Schwamm, in dem der Atemgasaustausch stattfindet.

Nach dem Gasaustausch wandert das Kohlendioxid vom Blut in die Luftbläschen und nach draußen. Wir atmen die »verarbeitete« Luft wieder aus. 14 Prozent Sauerstoff, 78 Prozent Stickstoff, 5,6 Prozent Kohlendioxid, 0,79 Prozent Edelgase sowie etwas Wasserdampf. Ein steter und lebensnotwendiger Kreislauf. Wir können zwar mehrere Tage ohne Essen und Trinken überleben, aber nur einige Minuten ohne Sauerstoff. Ohne Atmung kein Sauerstoff, ohne Sauerstoff keine Energie, ohne Energie kein Leben!

## Wie passiert das genau?

Luftholen ist ein komplexer Prozess. Was uns selbstverständlich erscheint, erfolgt in perfekter Synergie von Atemreflex, Zwerchfell, Muskeln und Lunge. Nicht zu vergessen, unsere »Kommandozentrale«, das Gehirn. Von seinen achtsamen Informanten, den Chemorezeptoren, erhält das Gehirn den Impuls für die Einatmung.

**KLARE WORTE**

Chemorezeptoren (lat.: receptor = Empfänger) sind Sinneszellen oder Nervenendigungen, die darauf spezialisiert sind, chemische Reize in elektrische Reize umzuwandeln und innerhalb des Nervensystems weiterzuleiten. Unsere Chemorezeptoren reagieren zum Beispiel auf den Sauerstoffdruck und sind für die Regulation der Atmung wichtig.

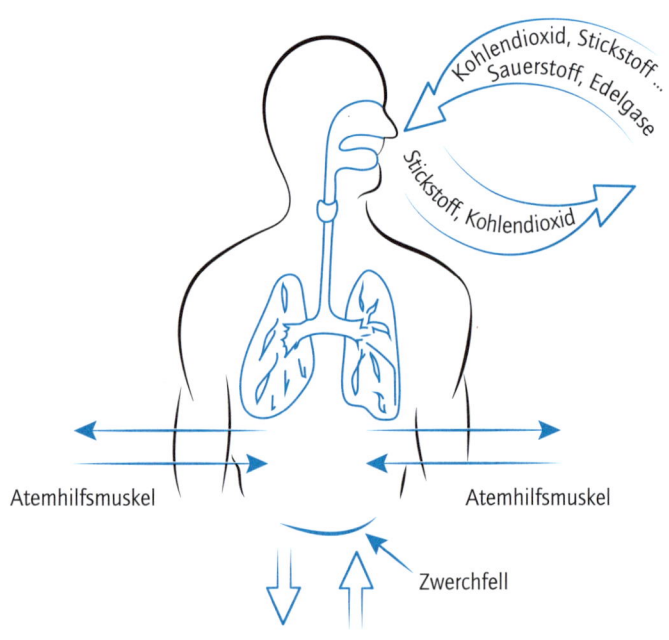

## — Und los geht's ... —

### Einatmen

Ist zu wenig Sauerstoff im Blut, senkt sich (kontrahiert) das Zwerchfell. Der Bauch wölbt sich nach vorne. Muskeln ziehen die Rippen nach oben und nach außen. Die Lungenflügel weiten sich nach unten aus und vergrößern ihr Volumen. Dadurch entsteht ein Unterdruck im Lungengewebe, Luft strömt durch Nase und Mund. Wir atmen ein!

### Ausatmen

Hat sich die Lunge durch den Unterdruck mit Luft gefüllt, findet in den Bronchien und Luftbläschen der Gasaustausch statt. Sauerstoff wird vom Blut aufgenommen und dafür Kohlendioxid in die Lunge abgegeben. Jetzt melden sich die Chemorezeptoren: »Hallo Zentrale, wir haben ausreichend Sauerstoff an Bord.« Der Ablauf verläuft nun umgekehrt und es erfolgt der Impuls zur Ausatmung. Das Zwerchfell entspannt sich. Die Muskeln ziehen die Rippen nach unten und nach innen. Die Lunge dehnt sich zurück und auch der Brustkorb senkt sich wieder. Dadurch entsteht ein Überdruck. Luft strömt aus Mund und Nase. Voilà, wir atmen aus!

KLARE WORTE

# Atmen – so einfach wie schwer

**Warum schwer?**

Unsere Welt wird immer schneller, komplizierter, ungeduldiger und hektischer. Da heißt es aufpassen, dranbleiben, alle Kräfte mobilisieren. Dass dabei ohne Atmung nichts läuft, bemerken wir erst, wenn wir »atemlos« sind. Richtiges Atmen haben die meisten Menschen verlernt.
Kleinkinder atmen noch intuitiv und somit richtig. Aber unsere Lebensquelle Atem entwickelt sich mit mangelndem Atembewusstsein in ein flaches, hektisches Hecheln. Bewusst atmen heißt, sich mit Körper, Geist und Seele auf den Atemrhythmus zu konzentrieren. Und das erfordert ein hohes Maß an Achtsamkeit.

**Warum einfach?**

Wie von Geisterhand gelenkt hebt und senkt sich unser Zwerchfell seit unserer Geburt. Wir atmen ein, wir atmen aus. Das passiert ständig, ganz von allein, ohne dass wir es großartig registrieren. Atmen empfinden wir als normal, selbstverständlich und kinderleicht.

»Im Atemholen sind zweierlei Gnaden: Die Luft einziehen,
sich ihrer entladen. Jenes bedrängt, dieses erfrischt.
So wunderbar ist das Leben gemischt.
Du, danke Gott, wenn er dich presst.
Und danke ihm, wenn er dich wieder entlässt.«
*J. W. von Goethe, 1749-1832*

Normalerweise wird unser Atem automatisch gesteuert. Stammhirn und vegetatives Nervensystem stellen für unseren automatischen Atemrhythmus die Weichen. Müssten wir jedes Mal erst nachdenken, ob wir ein- oder ausatmen sollen, wären wir vermutlich schon erstickt. Erst bei großer Anstrengung oder bei Atemnot registrieren wir unsere Atmung und aktivieren unbewusst unsere Atemhilfsmuskulatur.

Also, alles im grünen Bereich, der Atem ist ein zuverlässiger Begleiter. Was gibt es da falsch zu machen? Vieles, denn mit den Jahren haben wir unser eigenes Atemmuster entwickelt und uns ungesunde Atemgewohnheiten zugelegt.

Etwa zwei Drittel der Menschen atmen falsch. In unserer hektischen und getriebenen Social-Media-Welt herrscht praktisch eine Atemwüste. Wir führen ein Leben, das uns buchstäblich den Atem raubt: Stress, Ungeduld, seelische Belastungen, wenig Bewegung, schlechte Haltung, Übergewicht, mangelnde Selbstreflexion … und zu wenig frische Luft sind Atemkiller. Wie heißt ein derzeit viel zitierter Buchtitel: »Sitzen ist das neue Rauchen!«[1] Falsches Atmen auch!

Fakt ist, die meisten Menschen atmen zu flach, zu hektisch, unvollständig und verkrampft. Das Problem: Sie merken das gar nicht. Hinzu kommt, dass die meisten keine Verbindung zu ihrem Atem haben. Bestenfalls nehmen sie ihn als konstanten Begleiter wahr, der ganz selbstverständlich und ohne zu murren seine Arbeit verrichtet.

> Der Atem reagiert wie ein Seismograph auf unsere Gedanken, unsere Gefühle und leitet diese sofort an die Psyche weiter. Diese Beziehung funktioniert ebenso umgekehrt.

---

1 Dr. Kelly Starrett und Glen Cordoza, Riva 2016

KLARE WORTE

Sind wir jedoch gestresst, zeigt sich das in einem unregelmäßigen oder beschleunigten Atemrhythmus. Wir atmen zu schnell, nehmen uns keine Zeit für die Ausatmung und das führt zu einem geschwächten Immunsystem, Allergien, Asthma, Verdauungsstörungen und Herzgefäßerkrankungen. Durch bewusstes Atmen können wir dem entgegenwirken.

## Atemcheck

Dieser Atemcheck vermittelt den Zusammenhang zwischen Emotion und Atmung:

Atmen Sie bitte mehrmals schnell ein und schnell aus. Visualisieren Sie dabei, wie Sie gerade gemütlich am Strand sitzen, den Sonnenuntergang beobachten und genüsslich einen kühlen Drink genießen. Empfinden Sie diese wohltuende Situation realistisch nach. Das schnelle, hektische Atmen wird Ihnen mit dieser Kulisse schwerfallen. Entspannung und schnelles Atmen passen einfach nicht zusammen.

Resultat: Ihre Atmung kommt automatisch in den »Chillmodus«.

Angenommen, Sie arbeiten gerade an einem wichtigen Projekt und in wenigen Stunden ist Abgabetermin. Ständig werden Sie von Mitarbeitern oder Telefonaten unterbrochen. Die meisten Menschen atmen in dieser Situation kurz, schnell und flach, was wiederum die Anspannung verstärkt. Doch Sie sind clever und besinnen sich auf eine tiefe, ruhige Bauchatmung.

Augenblicklich entschleunigt sich Ihr Puls. Anstatt zu reagieren, agieren Sie. Probieren Sie es aus, Sie müssen »nur« daran denken.

**Erkenntnis:** Eine ruhige Atmung und Hektik schließen sich gegenseitig aus. Das heißt, wir können mit dem Atem unsere Psyche steuern, wir können sie bewusst beeinflussen! Ergo: Eine bewusste und effektive Atmung ist das beste Lebensrezept für körperliches und seelisches Wohlbefinden. Das Gute daran: gesundes, bewusstes Atmen ist trainierbar wie Kochen oder Radfahren. Stress lässt sich regelrecht wegatmen, die Erfolgsformel ist tägliche Übung und Geduld. Ersetzen Sie Ihr altes durch ein neues Atemmuster. Das geht nicht von heute auf morgen, denn bei 23.000 Atemzügen pro Tag ist Ihr altes Atemmuster seit vielen Jahren tief verankert. Aber es geht!

Die Basis unserer »Atemformel« ist einfach: Tief in den Bauch einatmen + die Lunge wieder ganz entleeren = gutes Atmen. Wichtig ist dabei, dass die Ausatmung etwa ein Drittel länger dauert als die Einatmung. Nach der Ausatmung eine kurze Atempause einlegen, bis der Körper wieder nach Luft verlangt. Jetzt atmen Sie automatisch tief ein. »Einfach!«, sagen Sie. – »Jein«, sage ich. Ja, wenn Sie immer und überall auf das bewusste Atmen achten. Nein, und darin liegt die Krux, wenn die Umstände Sie nicht daran denken lassen!

> Haben Sie schon einmal auf die kleine Atempause geachtet? Nein? Hören Sie einer schlafenden Person einmal beim Atmen zu, dann werden Sie wissen, was richtiges Atmen ist, auch wenn Ihnen die Atempause manchmal ungewöhnlich lang vorkommt. Denken Sie sooft wie möglich daran. Wenn Sie das verinnerlichen, werden Sie zum Buddha.

KLARE WORTE

## Bewusstes Atmen

Starten Sie bewusstes Atmen mit Ihrem persönlichen Atemcheck:

Wie atme ich gerade? Konzentrieren Sie sich auf Ihre Atmung. Und versuchen Sie, möglichst viele Details wahrzunehmen.

### — Übung: Beobachten Sie Ihren Atem —

Diese Übung können Sie im Stehen, Sitzen oder Liegen ausführen.

Legen Sie die linke Hand auf den Bauch und die rechte Hand auf die Brust. Verfolgen Sie den Atemfluss, ohne Druck auszuüben. Spüren Sie nach, was beim Atmen in Ihrem Körper geschieht. Wohin strömt der Atem, hebt/senkt sich der Brustkorb, bewegt sich der Bauch? Was passiert beim Ausatmen, wie lange dauert es? Holen Sie gleich wieder Luft oder gibt es eine kurze Pause vor dem nächsten Einatmen?

### Das Geheimnis der richtigen Atemtechnik

Viele Menschen haben die natürliche Fähigkeit, tief und damit richtig zu atmen, verlernt. Im Fachjargon wird diese »Spezies« auch »Flach- oder Hochatmer« genannt. Sie vernachlässigen das Zwerchfell und »atmen« dadurch mehr im Brustbereich. Dadurch wird ein großer Teil der vorhandenen Atemkapazität nicht entsprechend genutzt. Wie viel Atemkapazität wir aufnehmen und verwerten, hängt davon ab, ob wir nur in den oberen oder auch in den unteren Lungenbereich hinein atmen. Will man zum Beispiel als »Flachatmer« laut sprechen, wird das kaum gelingen. Die Stimme klingt gepresst, dünn und gezwungen, anstatt dynamisch und kraftvoll. Das liegt daran, dass während der Ausatmung ein zu geringer Luftstrom an den Stimmlippen vorbeigeführt wird, was wiederum zu einer schwachen Schwingung der Stimmlippen führt. Das Geheimnis der richtigen Atemtechnik liegt im Bauch, genauer gesagt geht vom Zwerchfell aus und heißt in der Fachsprache: Zwerchfell-Flanken-Atmung. Durch die Zwerchfell-Flanken-Atmung nutzen wir unser gesamtes Lungenvermögen aus. Die einströmende Luft kann sich gleichmäßig in den Lungen verteilen, der Brustkorb bleibt dabei entspannt.

Beobachten wir jetzt den Atem bewusst und atmen dabei richtig.

## — Zwerchfell-Flanken-Atmung —

Position/Körperhaltung: auf dem Rücken liegend
Timing: Wiederholen Sie diese Atemübung 5 Mal.

Legen Sie die linke Hand auf den Bauch und die rechte Hand auf die Brust. Verfolgen Sie den Strom des Atems.

Werden Sie sich der Atmung bewusst, die nun tief und langsam ist. Je tiefer Sie atmen, umso intensiver setzen Sie das Zwerchfell ein. Luft wird in den untersten und größten Teil der Lunge gezogen. Beim Einatmen sollten Sie das Gefühl haben, dass der Bauch von unten nach oben mit Wasser gefüllt wird. Spüren Sie, wie sich der Bauch beim Einatmen langsam hebt, Brustkorb und Flanken sich weiten und beim Ausatmen langsam senken.

### Den Atem »hören«
Atmen Sie wieder tief ein. Mit schmal gespitztem Mund atmen Sie ein lautloses »Hu« aus. Das klingt in etwa

so, als würden sie kleinen Kindern eine geheimnisvolle Geschichte erzählen und dabei ein gespenstisches Windgeräusch nachahmen. Sie brauchen dabei keinen Druck auszuüben. Lauschen Sie innerlich auf dieses Hu. Spüren Sie, wie Ihr »Atemgefäß« leer wird.

Noch einmal. Atmen Sie wieder tief ein und atmen Sie das lautlose Hu aus: Hu. Versuchen Sie, diesen Weg nach innen mitzugehen. Genießen Sie die Ausatmung, denn Sie bedeutet auch Entspannung.

Am Ende der Ausatmung kommt eine kleine Atempause, der natürliche Atemreflex lässt Sie wieder einatmen.

Versuchen Sie, Ihren Atem während der Übung so wenig wie möglich zu beeinflussen. Geben Sie Ihrem natürlichen Atemreflex die Möglichkeit, sich »frei« zu entfalten. Genießen Sie die Leichtigkeit Ihres Atems!

## Das Zwerchfell

Das Zwerchfell ist ein wahres Powerpaket und der größte Muskel im menschlichen Körper, gleichzeitig ist es auch der wichtigste Atemmuskel. Wie ein elastisches Trampolin spannt er sich zwischen Brust und Bauchraum. Beim Einatmen ziehen sich die Muskelfasern des Zwerchfells zusammen und der Brustraum wird vergrößert. Während der Ausatmung entspannen sich die Muskelfasern und das Zwerchfell nimmt wieder seine Ausgangsform ein. Wird das Zwerchfell beispielsweise durch sehr kalte Getränke gereizt, kann es zum unerwünschten Schluckauf kommen, dabei zieht es sich ruckartig zusammen. Es entsteht ein Reflex (»Hicks«), die Stimmbänder spannen sich und die Stimmritze schließt sich. Arbeitet das Zwerchfell optimal, so ist es ein wahrer Gesundbrunnen. Es ist das einzige Organ, das durch seine Bewegung unsere anderen Organe innerlich massiert. Eine gute Atmung ist eine wunderbare Organmassage zum Nulltarif! Also, locken Sie Ihr Zwerchfell aus der Reserve. Üben Sie, es bewusst zu steuern. Die nächste Übung hilft beim Entdecken Ihres Zwerchfells.

### — Übung: Entdecken Sie Ihr Zwerchfell —

Körperhaltung/Position: auf dem Rücken liegend, sitzend oder stehend

Legen Sie die linke Hand etwa handbreit über den Bauchnabel und atmen Sie zunächst einige Male entspannt ein und aus.

Atmen Sie nun komplett aus, so dass sich keine Luft mehr in der Lunge befindet. Jetzt stellen Sie sich vor, wie Sie über den Kochtopf gebeugt leckeren Essens duft schnuppern. Der Bauch tritt bei jedem Schnuppern ruckweise nach vorn und Sie können die Bewegung des Zwerchfells spüren. Richtig kräftig spüren Sie das Zwerchfell, indem Sie beim Ausatmen durch den Mund lautstark »Ha!« ausrufen – »Ha!« Gleichzeitig denken Sie dabei: »Ha, das wäre doch gelacht.« Das verstärkt die Intensität.

Machen wir es noch einmal: »Ha!« Und noch einmal: »Ha!«

### — Übung: Ihr Zwerchfell – ganz entspannt —

Körperhaltung/Position: auf dem Rücken liegend, sitzend oder stehend

Legen Sie die linke Hand über den Bauchnabel. Atmen Sie tief in den Bauch ein, halten Sie kurz den Atem an und lassen Sie ihn ohne Druck mit einem entspannten »Zzzzz« entweichen – so lange, bis Sie dem Reflex des Einatmens folgen. Stellen Sie sich vor, Sie sagen »psssst!«, nur ohne p und t, dann haben Sie das richtige »Zzzzz«.

Und noch einmal: Atmen Sie tief in den Bauch hinein und mit »Zzzzz« aus.

### — Übung: Zwerchfellspannung länger halten und trainieren —

Einen längeren Satz mit nur einem Atemzug dynamisch zu sprechen, erfordert kontinuierliche Zwerchfellspannung. Wie sich die Zwerchfellspannung »anfühlt«, können Sie wirksam wahrnehmen, indem Sie etwas Schweres anheben. Die Zwerchfellspannung verleiht Ihrer Körpermitte die nötige Stabilität. Eine effektive Zwerchfellspannung können Sie trainieren und mit der folgenden Übung auch gleich umsetzen.

Körperhaltung: Stehen Sie locker und aufrecht.

Legen Sie wieder die linke Hand über den Bauchnabel. Heben Sie den rechten Arm etwa bis auf Schulterhöhe. Stellen Sie sich vor, die rechte Hand ruht auf einem Ballon, gefüllt mit Luft. Jetzt möchten Sie die Luft aus dem Ballon pressen. Das kostet Kraft. Atmen Sie tief in den Bauch ein, halten Sie kurz den Atem an, spannen Sie die Baumuskeln und damit auch das Zwerchfell an. Dann pressen Sie mit der rechten Hand die Luft aus dem Ballon, dabei lassen Sie den Atem mit einem kräftigen »Zzzzz« entweichen: »Zzzzz.«

Nach dem Atemreflex holen Sie tief Luft und wiederholen die Übung noch einmal. Atmen Sie tief in den Bauch ein, halten Sie kurz den Atem an, spannen Sie das Zwerchfell an und »Zzzzz«.

Den gleichen Effekt erreichen Sie, indem Sie sich vorstellen, Sie schieben mit beiden Händen einen Paravent zusammen. Atmen Sie tief ein, spannen Sie das Zwerchfell an und »Zzzzz«. – So, der Paravent ist zu!

## Innere Balance – der Atem und das Immunsystem

Wenn man viel zu tun hat oder nervös ist, atmet man meistens automatisch eher flach und kurz. Dabei schieben wir nur verbrauchte Luft hin und her. Der Körper wird ungenügend mit Sauerstoff versorgt und Gewebe, Organe, vor allem aber das Gehirn werden schlecht durchblutet. Damit schädigen wir nicht nur Zellstoffwechsel und Immunsystem, sondern beeinträchtigen auch die Konzentrationsfähigkeit.

Hinzu kommen Kreislaufstörungen, Kopfschmerzen, Magen-Darm-Beschwerden, Nervosität und Schlafstörungen. Die Stimme und das Sprechen werden beeinträchtigt. Steht dem Körper allerdings zu viel Sauerstoff zur Verfügung, kommt es ebenfalls zu Komplikationen. Wie das denn, werden Sie sich jetzt fragen, eben hieß

es doch, wir benötigen mehr Sauerstoff? Dazu eine kleine Zeitreise: Kam der Säbelzahntiger überraschend ums Eck, gab's beim Neandertaler ein kräftigen Adrenalinschub. Dieser Adrenalinüberschuss löste eine Kettenreaktion aus:
1. schnelles Atmen,
2. Muskeln mit einer Überdosis Sauerstoff versorgen,
3. Muskeln anspannen
4. und nichts wie weg!

Nach der gelungenen Flucht wurde durch die Kraftanstrengung das Adrenalin abgebaut. Ruhe kehrte ein. Unser Urahn konnte sich ein erholsames Nickerchen gönnen.

Dieser Reflex steckt noch heute in unseren Genen. Immer wenn wir erschrecken oder unter Druck geraten, holen wir tief Luft oder fangen an zu »hecheln«. Dabei nehmen wir schnell zu viel Sauerstoff auf, den wir aber nicht wieder ausatmen. Würden wir in dieser Situation wie unsere Urahnen weglaufen oder laut schreien, wäre alles in bester Ordnung. So aber atmen wir den ganzen Tag immer ein bisschen mehr ein als aus. Es entsteht ein Sauerstoffüberschuss im Blut. Der Körper greift zur Notbremse. Schrittweise hebt er den pH-Wert im Blut an und puffert somit den überflüssigen Sauerstoff weg. Leider wirkt sich das Anheben des pH-Wertes aber an anderer Stelle negativ aus. Jedes Mal, wenn der pH-Wert steigt, sinkt auch der Kalziumspiegel im Blut. Das passiert innerhalb von Sekunden und unser Körper reagiert sofort. Kalzium ist der heimliche Star unter den Mineralstoffen und wirkt in ausreichender Menge beruhigend. Fehlt nun Kalzium, hat das ernsthafte Folgen: Wir werden nervöser, empfindlicher, immer weniger belastbarer. Schlafstörungen, innere Unruhe, Migräne, Herzstiche, Magenkrämpfe und Muskelverspannungen sind die Folge.

Wie stark unser Wohlbefinden vom »Luftholen« bzw. »Luftabgeben« abhängt, wird auch umgangssprachlich klar:

Wer Stress hat, sollte erst einmal tief Luft holen.
Wer schockiert ist, dem stockt der Atem.
Wer vor Wut kocht, sollte Dampf ablassen.

## Yoga-Atemübungen – Pranayama

Pranayama nennen sich die Atemübungen im Yoga. Im Sanskrit bedeutet »Prana« Kraft oder Energie, »Yama« steht für Kontrolle und Erweiterung. Pranayama ist Herausforderung und Offenbarung zugleich. Ich gebe rückblickend zu, dass mir diese Atemübung überzogen und »konstruiert« vorkam. Allerdings wusste ich auch, dass dahinter rund 2000 Jahren Erfahrung und Erfolg stehen. Also Grund genug, sich mit dieser extrem wirkungsvollen Atemübung näher zu beschäftigen. Im Vorfeld lohnt es sich, die Abfolge in Ruhe und bewusst zu üben. Die Praxis ist durchaus gewöhnungsbedürftig. Um sich richtig fallen lassen zu können, sollte der Ablauf automatisch, ohne groß zu überlegen erfolgen. Hat man erst einmal seinen Rhythmus gefunden und integriert diese Atemübung in den Alltag, entfaltet sie ihre volle Wirkung.

> Regelmäßige Pranayama-Praxis entspannt und eignet sich hervorragend für die Stressbewältigung. Durch tiefe, bewusste Ein- und Ausatmung stehen deutlich mehr Energievorräte zur Verfügung. Der Körper wird wieder leistungsfähiger und kann den Herausforderungen des modernen Alltags besser begegnen. Sie fühlen sich merklich wohler und ausgeglichener.

Zur Pranayama-Atmung gehört die Schnellatmung (Kapalabhati) und die Wechselatmung (Anuloma Viloma). Beginnen wir mit Kapalabhati.

## Kapalabhati – die Schnellatmung (Yoga-Atmung 1)

Kapalabhati kommt ebenfalls aus dem Sanskrit und heißt so viel wie »leuchtender Schädel«. Die Atemübung folgt einer Reihe kurzer, kräftiger Ausatmungen im Wechsel mit entspanntem Einatmen. Das Wichtigste ist die Bauchatmung. Hier wird mit Hilfe der Bauchmuskulatur die Luft kräftig ausgestoßen. Die Einatmung ist passiv, die Ausatmung aktiv. Dabei liegt eine deutliche Betonung auf der Ausatmung. Diese ist kraftvoll und aktiv, während die Einatmung passiv und reflexartig bleibt. Im oberen Brustraum erfolgt keine Bewegung, nur unterhalb des Nabels sollte sich der Bauch bewegen. Der Bauch wird bei der Ausatmung in Richtung Wirbelsäule gezogen: Beim Loslassen der Bauchspannung erfolgt die automatische natürliche Einatmung. Es wird eine Art Vakuum in der Lunge gebildet, die dann automatisch die Luft einsaugt, um den Luftdruck wieder auszugleichen. Die Ausatmung sollte doppelt so schnell wie die Einatmung erfolgen.

Wirkung: Die konstante Auf- und Abbewegung des Zwerchfells massiert die große Bauchvene und erlaubt es dem Blut, schneller und in größerer Menge zum Herzen zurückzufließen. Schon nach ein paar Runden der konzentrierten Ausatmungen wird die Blutzirkulation im ganzen Körper angeregt. Das Zwerchfell und die Atemhilfsmuskeln werden gestärkt, Herz, Leber und Magen werden massiert. Kapalabhati bewirkt auch ein verstärktes Ausatmen von Kohlenstoffdioxid, wodurch der Drang zum Einatmen verringert wird. Das ermöglicht lange, mühelose Atempausen.

Der Fluss der Gedanken wird unterbrochen, der Kopf wird leer, Kreislauf und Herztätigkeit werden verbessert. Sowohl die Bronchien als auch geistige und emotionale Anspannungen werden gelöst.

## — Atemübung: Kapalabhati —

Wirkung: vitalisierend, geistige Klarheit

Position: gerade, entspannte Sitzhaltung

Legen Sie die Hände locker auf die Knie und halten Sie den unteren Rücken gerade.

Brustkorb offen, Schulterblätter locker, das Kinn leicht zur Kehle, damit der Nacken in einer Linie mit dem Rücken ist.

Sie atmen ein, der Bauch wölbt sich nach vorn. Sie atmen aus, der Bauch geht zurück.

Halb einatmen und nun atmen Sie kraftvoll durch die Nase aus, indem Sie die Luft mit Hilfe der Bauchmuskeln aus dem Bauch herausdrücken. Dabei ziehen Sie den Bauchnabel in Richtung Wirbelsäule. Stellen Sie sich vor, Sie pusten kurz und ruckartig eine Kerze aus. Beim Loslassen der Bauchspannung erfolgt die Einatmung, ganz automatisch und ohne Druck.

### Kapalabhati – Runde 1

Sie atmen ein, der Bauch wölbt sich nach vorn. Sie atmen aus, der Bauch geht zurück. Atmen Sie jetzt nur halb ein und:

1. kraftvoll aus,

2. die Einatmung erfolgt automatisch.

Diese Sequenz wiederholen Sie 40 Mal. Anschließend tief ein- und langsam voll ausatmen. Der Rücken ist gerade. Wieder einatmen. Der Bauch wölbt sich nach vorn. Die Luft 30 Sekunden anhalten. Anschließend langsam ausatmen.

### Kapalabhati – Runde 2

Sie atmen ein, der Bauch geht vor. Sie atmen aus, der Bauch geht zurück. Atmen Sie jetzt nur halb ein und:

1. kraftvoll aus,

2. die Einatmung erfolgt automatisch.

Diese Sequenz wiederholen Sie 60 Mal. Anschließend tief ein- und langsam sowie voll ausatmen. Der Rücken ist gerade. Wieder einatmen. Der Bauch wölbt sich nach vorn.

Die Luft 50 Sekunden anhalten (falls das für Sie zu lang ist, bleiben Sie bei 30 Sekunden). Anschließend langsam ausatmen.

### Kapalabhati – Runde 3

Sie atmen ein, der Bauch geht vor. Sie atmen aus, der Bauch geht zurück. Atmen Sie jetzt nur halb ein und:

1. kraftvoll aus,

2. die Einatmung erfolgt automatisch.

Diese Sequenz wiederholen Sie 80 Mal. Anschließend tief ein- und langsam und voll ausatmen. Der Rücken ist gerade. Wieder einatmen. Der Bauch wölbt sich nach vorn.

Die Luft 60 Sekunden anhalten (andernfalls bleiben Sie bei 30 oder 50 Sekunden). Anschließend langsam ausatmen.

Abschließend ruhig sitzen und entspannt den Atem beobachten.

Anmerkung: Wenn Sie wenig Zeit zur Verfügung haben, dann üben Sie nur eine Runde.

## Anuloma Viloma – die Wechselatmung (Yoga-Atmung 2)

Wirkung: Anuloma Viloma gehört zu den wirkungsvollsten Atemübungen.

Sie hilft, die Lungenkapazität zu erhöhen und die Atmung unter Kontrolle zu bringen. Gerade die Phasen des Atemanhaltens sind ein gutes Training für Herz und Kreislauf.

Die Verlängerung der Ausatmung bewirkt, dass innerhalb des Zellstoffwechsels Kohlenstoffdioxid optimal über die Lunge ausgeatmet wird. Anuloma Viloma fördert die Konzentrationsfähigkeit und hilft, innere Ruhe sowie Kraft zu finden. Diese Atemtechnik öffnet die Nasendurchgänge, wirkt vorbeugend gegen Erkältungskrankheiten, hilft gegen Allergien, Heuschnupfen und Asthma.

### — Atemübung: Anuloma Viloma —

Position/Körperhaltung: aufrecht stehend oder bequem sitzend

Legen Sie die Hände locker auf die Knie. Kommen Sie in eine aufrechte Sitzhaltung, der untere Rücken ist gerade. Brustkorb offen, Schulterblätter locker, das

Kinn leicht zur Kehle, damit der Nacken in einer Linie mit dem Rücken ist. Die Finger der rechten Hand sind ausgestreckt. Jetzt Zeigefinger und Mittelfinger in die Handfläche beugen.

Verschließen Sie mit dem Daumen der rechten Hand Ihr rechtes Nasenloch. Links ausatmen. Atmen Sie links ein. Zählen Sie dabei in Gedanken 1-2-3-4. Jede Zähleinheit dauert eine Sekunde. Anschließend Luft anhalten, dabei beide Nasenlöcher mit Ring- und Zeigefinger schließen. Es folgt eine Atempause von ca. vier Sekunden, Daumen lösen, rechts ausatmen 1-2-3-4-5-6-7-8.

Die Hand langsam aufs Knie senken und ruhig und entspannt den Atem beobachten.

### Merke:
Sie erhalten ein gutes »Sekundengefühl«, indem Sie in Gedanken langsam 1 + 2 + 3 + usw. zählen (1 plus entspricht einer Sekunde). Wiederholen Sie die Übung 6 Mal und steigern Sie sich bis auf 12 Mal. Beginnen Sie wie beschrieben: Einatmen, Luft anhalten, ausatmen im Verhältnis 4:4:8. Steigern Sie sich langsam auf 4:8:8, dann auf 4:12:8, schließlich auf 4:16:8. Fortgeschrittene können das Verhältnis auf 5:20:10, 6:24:12, 7:28:14, 8:32:16 erweitern.

## Fünf einfache Atemtipps

Zu guter Letzt möchte ich Ihnen noch 5 einfache Atemtipps für Minipausen mitgeben, die Sie schnell ins Gleichgewicht bringen. Sie wissen bereits, dass Gefühle, Gedanken und die Körperhaltung Ihren Atemrhythmus beeinflussen und Ihr Atem sich auf Ihre Gefühle, Gedanken und Körperhaltung auswirkt. Flaches, hektisches Atmen (sog. Kurz- oder Schnappatmung) ist häufig der Wegbegleiter von Angst, Aufregung, Wut und Stress. Gerade wenn Sie emotional oder körperlich sehr angespannt sind, kann ein kurzes Innehalten mit Konzentration auf Ihren Atem wahre Wunder bewirken!

### 1. Atem beobachten

Nehmen Sie sich regelmäßig Zeit, bewusst auf Ihren Atem zu achten. Atmen Sie flach, hektisch oder verkrampft? Ist Ihr Zwerchfell in diesem Moment angespannt?

Atmen Sie nun ein paar Mal kräftig ein und aus. Beim Atmen entspannt bleiben. Allein das kurze Innehalten und Beobachten des Atems führt schon zu Ausgeglichenheit und Ruhe. Alle traditionellen Entspannungstechniken bedienen sich des bewussten Atmens.

### 2. Köpervisite

Nehmen Sie eine aufrechte Haltung ein, vermeiden Sie hochgezogene Schultern oder einen eingeklemmten Bauch.

### 3. Natürliches Einatmen

Achten Sie auf die Zwerchfell-Flanken-Atmung, mit dieser Atmung nutzen Sie Ihr gesamtes Lungenvolumen. Visualisieren Sie beim Einatmen das Gefühl, dass der Bauch von unten nach oben mit Wasser gefüllt wird.

### 4. Natürliches Ausatmen

Der Schwerpunkt liegt immer auf der längeren Ausatmung. Danach macht der Körper eine kleine Pause, bis der Impuls zum Einatmen wie von selbst kommt.

Und:

### 5. Lachen Sie mehr!

Lachen lockert die Muskulatur und fördert die Durchblutung. Die Atmung wird vertieft und die Leistungsfähigkeit der Lungen verbessert.

# 4 HÖRT MICH HIER JEMAND?!

## Die eigene Stimme als Visitenkarte

Egal, ob Sie am Telefon oder im direkten Kontakt präsentieren, verhandeln, beraten, informieren, argumentieren oder einfach nur mal miteinander sprechen: Wer überzeugen möchte, braucht Stimme!

Ihre Stimme ist die Resonanz Ihrer Seele.

Mit einer belastbaren, ausdrucksstarken Stimme können Sie Interesse wecken, Grenzen setzen, überzeugen, Gelassenheit verbreiten und Konflikte entschärfen. Also, machen Sie sich auf eine spannende Reise und entdecken Sie in diesem Kapitel Ihr wichtigstes verbales Kommunikationsinstrument: Ihre Stimme!

KLARE WORTE

## Kennen Sie Ihre Stimme?

»Sprich, damit ich dich sehe.«
*Sokrates (469 v. Chr.–399 v. Chr.)*

Stimme und Sprechen sind allgegenwärtig, so normal wie nur irgendetwas. Unbewusst bewegen wir uns in einer Stimm- und Sprechnorm. Diese Norm besitzt Merkmale, die uns seit Kindesbeinen vertraut sind. Die Stimme eines Babys klingt anders als die eines Teenagers. Wir »erhören« den Greis am Klang seiner Stimme, ohne dass wir ihm gegenüberstehen.

»Mein Job hat heute wieder richtig Spaß gemacht!«, berichtet Ihnen jemand. Doch die Stimme hört sich dabei alles andere als fröhlich an. Die Nachricht klingt einfach nicht »stimmig«. Sie werden hellhörig. Statement oder Stimme, wer macht das Rennen? Wem schenken Sie mehr Vertrauen? Für das Unterbewusstsein stellt sich diese Frage nicht: Sind Aussage und der Klang der Stimme nicht kongruent, schlägt das Unterbewusstsein augenblicklich Alarm. Ihr Misstrauen ist geweckt. Aggressiv, unsicher, herablassend, traurig, fröhlich, krank oder gesund – die Stimme spiegelt unsere Psyche wider und verrät mehr, als uns bewusst ist. Empfinden wir eine Stimme als unangenehm, hat das häufig damit zu tun, dass diese aus der gewohnten Stimm- und Sprechnorm fällt. Sie klingt dann auffallend monoton, heiser, abgehackt, nasal, zu leise, laut, hoch oder tief. Das Verhältnis zu unserer Stimme ist zwiespältig. Die Palette reicht von: Mag ich gar nicht bis zum selbstbewussten, stimmgewaltigen Moderator.

## Die Typologie der Stimme

Welcher Stimmtyp passt zu Ihnen?

### Der Hoppla-jetzt-komm-ich-Typ

Ihm ist es völlig egal, wie seine Stimme klingt bzw. wie diese bei anderen ankommt. Verbal oder nonverbal: Das ist die berüchtigte Axt im Kommunikationswald.

### Der Vogel-Strauß-Typ

Er ist der Meinung, seine Stimme klinge schrecklich, und wenn die Mailbox anspringt, legt er sofort auf. Wenn Sie diesen Typus erschrecken möchten, dann erwähnen Sie beiläufig, dass das Gespräch gerade aufgezeichnet wird.

### Der Stimm-Workaholic-Typ

Er ist sich seiner Stimme und deren Resonanz bewusst. Das sind häufig Menschen, die mit Ihrer Stimme andere Leute überzeugen, wie z. B. Lehrer, Rechtsanwälte, Speaker, Politiker, Geschäftsführer, Schauspieler. Wenn Ihnen nicht gerade ein Naturtalent über den Weg läuft, können Sie davon ausgehen, dass hier einiges in Stimm- und Rhetorikseminare investiert wurde.

> Mögen Sie den Klang Ihrer Stimme? Es muss ja nicht gleich die ganz große Liebe sein.
> Reichen Sie ihr die Hand. Schließen Sie Freundschaft. Verstehen Sie die Stimme als Partner, mit dem Sie durch dick und dünn gehen können. In entscheidenden Situationen steht Ihnen dann »Kollegin« Stimme treu zur Seite.

KLARE WORTE

## Die Bekanntschaft mit meiner Stimme

Mich mit meiner Stimme zu beschäftigen, das wäre mir nicht im Traum eingefallen. Sie war einfach da und funktionierte, wie mein Herz und meine Lunge. Und über das, was funktioniert, denkt man nicht nach. Erst wenn es eben nicht mehr funktioniert, kommen die Fragen. Wie so oft im Leben gibt es dann zwei einfache Möglichkeiten: Entweder man akzeptiert oder man verändert. Ich habe beschlossen, etwas zu verändern.

Meine neue »Stimmreise« startete parallel zu meiner heißen Sturm- und Drangphase im Wonnemonat Mai in einem stickigen, überfüllten Kulturhaus in Berlin. Rockmusik und Mädels waren schwer angesagt. Bedauerlicherweise hatten die Mädels nur Augen für die lokalen Rockheros. Das war schlichtweg deprimierend! Nur weil jemand ein wenig Gitarre klimpern oder singen konnte, verschaffte ihm das gleich ein perfektes Datingpotenzial. Eine Lösung aus diesem Dilemma musste her. Und die Lösung kam. In einer Sternstunde beschloss ich, auf diesen Zug mit der Garantie zum Mädchenaufreißen aufzuspringen.

Mein Plan: Ich werde ebenfalls Rockstar. Mit Feuereifer lernte ich Gitarre spielen und schon kurze Zeit später gründete ich meine Band »The cool man«. »The cool man«, das hieß: Fünf Musiker verschanzen sich in einem muffigen Keller und üben jede freie Minute für ihren ersten öffentlichen Auftritt. Schließlich war es so weit. Unsere Fans hatten ganze Arbeit geleistet: Der Saal brodelte! An alles hatten wir gedacht, bis darauf, dass einer von uns ein paar begrüßende Worte sprechen musste. ICH wurde kurzerhand auserkoren, das zu übernehmen. Panik überkam mich. Augenblicklich verwandelte sich mein Magen in einen Mixer, der auf höchster Stufe lief. Ich vergaß förmlich zu atmen. Meine Zunge schien am Gaumen angewachsen zu sein. Ich tapste unsicher zum Mikrofon und mit zitterndem, dünnem Stimmchen brachte ich es nur zum: »Hi, wir sind ›The cool man‹ und machen Musik für euch.« Knallharter Rocker und Piepsstimme? Das wollte nun gar nicht zusammenpassen. Die Resonanz von der heiß umworbenen Zielgruppe: hämisches Gelächter. Mit Recht, so linkisch spricht kein cooler Rockstar. Niemals! Ein cooler Rockstar rotzt ins Mikro: »Hey, wir sind die geilste Band des Universums und lassen heute Abend für euch die Kuh fliegen!« Jedenfalls, mein Einstieg in die glamouröse Rockwelt ging voll daneben. Den »Cool-Bonus«, das war klar, hatte ich gründlich vergeigt. So gut konnte ich gar nicht spielen, um diese Scharte wieder auszubügeln. Okay, was habe ich daraus gelernt?

Erstens: Ein Rockstar hat sich neben Performance und Groupies auch um die Präsenz zu kümmern.

Zweitens: Ich möchte mich nicht noch einmal so blamieren, ich möchte nicht wie ein Panda, sondern wie ein Porsche klingen.

Mein Interesse für die faszinierende Welt der Stimme und die Suche nach meinem eigenen Ausdruck waren in Gang gesetzt. Und ich war überrascht, wie viele Analogien sich im alltäglichen Sprachgebrauch wiederfinden: Stimme macht Stimmung, bestimmt auftreten, zu einstimmig, abstimmen, einstimmen, zustimmen, keine Verstimmung hervorrufen, Zustimmung finden. Stimme, Stimme, Stimme – auf Schritt und Tritt stolpern wir über sie.

Das ist uns selten bewusst. Wenn wir uns auf ein Gespräch oder eine Präsentation vorbereiten, dann überlegen wir überwiegend, WAS wir sagen möchten. Wir investieren viel Arbeit in Inhalt, Bild- und Textstruktur, recherchieren, analysieren, denn schließlich möchten wir unser geballtes Wissen der Zielgruppe vermitteln. Allerdings machen wir uns über das WIE kaum Gedanken. Wir überlegen uns selten, mit welcher Betonung wir die Aufmerksamkeit der Zuhörer erreichen können. Wann und warum wir längere Atempausen benötigen. Wir achten weder auf das Sprechtempo noch auf den Melodieverlauf unserer Stimme. So vernachlässigen wir die Macht der Stimme und konzentrieren uns nur auf den Inhalt. Da liegt viel Potenzial brach.

Das WIE muss stimmig sein, um das WAS zu transportieren.

Stimmarbeit bedeutet immer eine Auseinandersetzung mit sich selbst. Das ist spannend und bringt die Persönlichkeit weiter. Es gibt eine Fülle an Informationen und Übungen zu Stimme und Sprechen. Meine wichtigsten Erfahrungen habe ich als Produzent für Gesang- und Hörspielproduktionen gemacht. Studiozeit ist teuer, alles muss schnell gehen. Von Sprechern, Schauspielern oder Sängern wird daher in kürzester Zeit ein optimales Resultat verlangt. Hier sind, neben der Professionalität, klare Regieanweisungen gefragt, die direkt zeigen, wo's langgeht. Im Laufe der Studiozeit habe ich praktische Übungen entwickelt, die selbst unter Zeitdruck zu großartigen Ergebnissen führen. Also, gehen wir es an, kommen wir gemeinsam in »Stimmung«:

## Die »schöne« Stimme

Jede Stimme schafft ihre eigene Stimmung. Es gibt Menschen mit einer extrem angenehmen Stimme. Voll, rund und warm schafft diese eine angenehme Wohlfühlatmosphäre, die allerdings auch langweilig oder einlullend werden kann. Und es gibt die nicht »schönen«, jedoch markanten Stimmen, die aufhorchen lassen. Können

Sie sich noch an Altbundeskanzler Willy Brandt erinnern? Dann fällt Ihnen sicherlich gleich seine charakteristische, markant-rauchige Stimme ein (auf Youtube gibt es reichlich Hörbeispiele). Jeder Logopäde würde beim Klang dieser in seinen Ohren »kaputten« Stimme die Hände über den Ohren zusammenschlagen. Trotzdem erreichte Willy Brandt mit seiner »kaputten« Stimme die Menschen. Seine Reden vereinen Überzeugungskraft und Charisma. Eine gesunde, wohlklingende Stimme ist auf jeden Fall ein vorteilhafter Bonus. Das bedeutet aber noch längst nicht, dass sie auch unterhaltsam, fesselnd oder faszinierend ankommt. Dafür müssen wir andere Hebel in Bewegung setzen. Ähnlich einem Computer setzt sich die Stimme aus Hard- und Software zusammen. Den unverwechselbaren persönlichen Stimmklang verdanken wir der Hardware. Dazu zählen u. a. Kehlkopf, Zunge, Brustkorb. Nur ein chirurgischer Eingriff kann helfen, den Stimmcharakter zu ändern.

Anders sieht es mit der »Software« aus. Der Stimmcharakter ist angeboren. Wie wir die Stimme jedoch einsetzen, liegt an uns. Das bedeutet, wir konnen unsere »Software« umprogrammieren. Wie atme ich, wo setze ich Pausen, wann hebe oder senke ich die Stimme. Spreche ich schnell oder langsam, laut oder leise, Zwerchfelleinsatz, Artikulation ... Das können Sie, je nach Bedarf, variieren. Sind Sie mit Ihrer bestehenden Software unzufrieden? Hier kommen die Tools für die Neuprogrammierung.

## Meine Stimme, das unbekannte Wesen

Gehören Sie auch zu den Menschen, die ungern auf die Mailbox sprechen? Es liegt keineswegs an der gesprochenen Nachricht, sondern Ihnen kommt Ihre aufgenommene Stimme fremd vor. Sie klingt irgendwie »metallisch«. Jedenfalls hören Sie Ihre Stimme anders. Im Vergleich beschreiben meine Seminarteilnehmer die Eigenwahrnehmung ihrer Stimme als »weicher«, »runder« oder »tiefer«. Dieses Phänomen ist einer der Hauptgründe, warum viele Menschen der Meinung sind, sie hätten eine unmögliche Stimme. Das ist sicherlich auch ein Grund, vor wichtigen Präsentationen in Krisenstimmung zu verfallen.

Also, was sind die Ursachen? Wer oder was steckt dahinter?

Damit überhaupt irgendetwas klingt bzw. damit wir etwas hören, muss die Stimme vom Mund zum Ohr »transportiert« werden. Das übernehmen die Schallwellen. Wirft man einen Stein ins Wasser, breiten sich die Wasserwellen kreisförmig aus. In ähnlicher Weise passiert das mit den Schallwellen. Eine Schallquelle, in dem Fall unser Mund, »schubst« Luftmoleküle an und dadurch entstehen Druckänderungen in der Luft. Eine Schallwelle ist also nichts anderes als eine sich ausbreitende Veränderung des Luftdrucks. Unser Ohr ist äußerst empfindlich für Druckänderung und kann Schalldruck sowie die Anzahl der Schwingungen präzise erkennen. Es folgt eine erstaunliche Metamorphose: Der Schalldruck gelangt vom äußeren Ohr über den Gehörkanal zum Trommelfell ins Mittelohr in die Hörschnecke. Winzige Haarzellen verwandeln die Schwingungen in elektrische Impulse, die über den Hörnerv zum Hörzentrum im Gehirn geleitet werden. Erst hier findet die Entschlüsselung bzw. Interpretation der Impulse statt: Aus Signalen werden Geräusche, Buchstaben, Worte, Musik. Wir hören!

Weil die Stimminformation über die Luft zu unserem Hörorgan gelangt, wird diese Übertragung »Luftleitung« genannt. Es gibt jedoch noch eine andere Leitung: die »Knochenleitung«. Hierbei übertragen ebenfalls Schallwellen die Stimminformation. Ein gewisser Anteil der Schallwellen wird bei entsprechender Intensität in Körperschall umgewandelt und führt zu Schwingungen des gesamten Schädels. Dieser wiederum überträgt die Schallwellen über den Schädelknochen direkt an das Innenohr. Ergebnis: Nur wir können diese innere Stimme hören. Auf dem Band fehlt die Knochenleitung und wir empfinden unsere Stimme als fremd. Diese Kombination aus Luftleitung und Knochenleitung hören nur Sie. Seit Kindesbeinen ist Ihnen dieser Klang vertraut. Wenn eine Leitung wegfällt, irritiert das. Das heißt aber nicht, dass die Stimme jetzt schlechter klingt. Ihre Mitmenschen wiederum kennen von Ihnen nur eine Leitung, die Luftleitung, und sind daran gewöhnt.

**Tipp 1:**
Der Klang der Knochenleitung ist ganz einfach zu erfahren. Sprechen Sie ein paar Worte und achten Sie dabei auf den Klang Ihrer Stimme. Anschließend »kappen« Sie die Luftleitung, indem Sie sich die Ohren zuhalten. Sprechen Sie wieder und vergleichen den Klang. Jetzt klingt Ihre Stimme ziemlich dumpf, muffig, ähnlich, als ob sie stark verschnupft wären.

Die Knochenleitung lässt sich »dimmen«, indem wir kurzerhand die Luftleitung verstärken. Sprechen Sie wieder ein paar Worte und achten Sie dabei auf den Klang Ihrer Stimme. Anschließend verstärken Sie die Luftleitung, indem Sie die Hände um die Ohrmuschel halten, mithilfe dieses »Händetrichters« vergrößern Sie den Schall und können ihn besser einfangen. Die Stimme wird Ihnen jetzt beim Sprechen »schärfer«, »metallischer« vorkommen.

Nehmen Sie Ihre eigene Stimme (z. B. mit dem Smartphone) regelmäßig auf und hören Sie sich diese wertfrei an. Das ist die Stimme, die Ihr Umfeld hört. Gewöhnen Sie sich an den Klang der »Luftleitung«. Je öfter, umso besser. Das stärkt nachhaltig Ihr »Stimmselbstbewusstsein«.

### Fledermaus-Tonlage

Hin und wieder sind meine Frau und ich nicht einer Meinung. Dann wird um jeden Millimeter Überzeugung gerungen. Die Gemüter laufen heiß. Damit verbunden schrauben sich unsere Stimmen langsam, aber sicher in ungeahnte Höhen. Kurz vor der Schmerzgrenze rufe ich: »Stopp, Liebling, wir liegen im Fledermausfrequenzbereich. Wenn wir weiter in dieser hohen Tonlage streiten, verlieren die Fledermäuse ihre Orientierung und stürzen ab.« Der Joke wirkt. Kurzes, befreiendes Lachen, und wie von Zauberhand haben wir beide unsere wohltemperierte Stimmlage zurück.

Was lässt unsere Stimmen unbewusst in die Höhe schnellen?

Ja klar, wir waren aufgeregt, um nicht zu sagen wütend. Da klingt die Stimme nun einmal laut und schrill. Doch das ist nur die eine Seite der Medaille. Dahinter steckt ein Code aus grauer Vorzeit. Graue Vorzeit? Sie ahnen, der Säbelzahntiger muss wieder herhalten. Sobald unser Urahn auf diesen Inbegriff der Angst traf, fuhr ihm sofort der Schrecken unter den Lendenschurz. Ein weithin hörbarer, gellender Schrei konnte das Raubtier verjagen oder Hilfe herbeiholen. Blitzschnelle Reaktion vorausgesetzt.

Der Ablauf war dabei vollautomatisch:
- Augen sehen Säbelzahntiger.
- Adrenalinschub!
- Urahn steht unter Schock.

- Herzschlag und Blutdruck steigen.
- Schweißproduktion geht in die Höhe.
- Der Kehlkopf bewegt sich nach oben.
- Die Stimmlippen straffen sich.
- Die Stimme hebt sich etwa um eine Oktave.
- Hilfeschrei!

Hier hat unser Urahn instinktiv alles richtig gemacht. Hohe Töne bedeuten hohe Frequenzen. Hohe Frequenzen hört man viel weiter und deutlicher als tiefe Frequenzen. Oder haben Sie schon mal jemanden gleichzeitig tief und leise um Hilfe schreien hören? Gleiches passiert, wenn wir aufgeregt oder nervös sind. Nehmen wir an, Sie haben ein unangenehmes Gespräch mit Ihrem Chef oder Ihnen stinkt etwas gewaltig. Sie sind auf hundertachtzig. Dann stehen Sie unter Anspannung und starten das altbewährte Programm: Adrenalinschub, der Kehlkopf bewegt sich nach oben und die Stimmlippen straffen sich ... Mit einem gewaltigen Unterschied: Ihr Finale muss ohne Hilfeschrei oder Flucht auskommen. Sie müssen ausharren und das Gewitter duldsam über sich ergehen lassen. Was passiert zwangsläufig? Sie verkrampfen und machen dicht. Ihr Adrenalinschub stockt und wird von einer stammelnden »Piepsstimme« gekrönt.

Klarer Fall, hier läuft ein beinhartes Urzeit-Marker-Programm, das auf Flucht- und Hilfeschrei konditioniert ist, aber ohne diesen eben nicht auskommt. Die Formel: Nervosität + Anspannung + Angst = Sprechen – das funktioniert nicht!

KLARE WORTE

## Ein paar erstaunliche Fakten:

Die Lautstärke der Töne wird durch die Stärke des Luftstroms bei der Ausatmung gesteuert.

Die Tonhöhe steuern die Stimmlippen mit Hilfe der Kehlkopfmuskulatur.

Stimmbänder werden häufig mit Stimmlippen verwechselt. Das, was in unserem Kehlkopf schwingt, wenn wir »hmmm«, »uuuuu« oder einen anderen Ton von uns geben, sind die Stimmlippen. Sie bedingen durch ihre Schwingungen den Stimmton. Warum Stimmlippen? Weil sie wie ein kleiner Mund aussehen: zwei Lippen, bestehend aus Muskelfasern, Bindegewebe und Haut, die horizontal, in der Mittel des Kehlkopfes sitzen. Der Begriff »Stimmbänder« hat sich vorherrschend im Sprachgebrauch etabliert. Dahinter steckt die einfache Vorstellung, Stimmbänder funktionierten wie die Saiten einer Gitarre. Irrtum. Richtig ist: Stimmbänder stellen einen wichtigen Bestandteil der Stimmlippen dar. Innerhalb der Stimmlippen verlaufen sie wie dünne Bänder und beeinflussen Form sowie Spannung der Stimmlippen. Schwingungen und Grundtonhöhe werden durch Veränderungen des Spannungszustandes der Stimmbänder angepasst. Mit anderen Worten: Wollen Sie hoch oder tief sprechen, bringen die Stimmbänder die Stimmlippen in Position.

Das Muskelsystem des Stimmapparates stellt eine Art Miniaturabbildung des Muskelsystems des gesamten Körpers dar. Jeder Muskel beeinflusst über Muskelschlingen die Kehlkopfmuskulatur, somit wirkt sich jede kleinste körperliche Verkrampfung auf den Kehlkopf und auf unsere Stimme aus. Die Klangmerkmale unserer Stimme entstehen durch Körperresonanzen (Rachen, Mund- und Nasenraum) und durch Formung des Tons im Hohlraum oberhalb

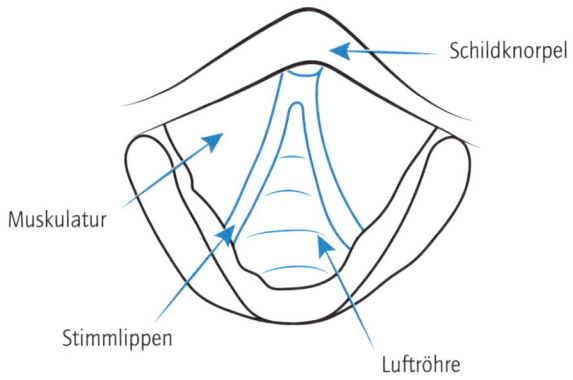

der Stimmlippen, dem sogenannten Ansatzrohr. Die Schwingung der Stimmlippen ist quasi ein roher Kehlkopfton, der nur durch Lautstärke und Tonhöhe definiert wird. Je tiefer die Kehle steht, desto größer wird das Ansatzrohr.

Die Stimmlippen schwingen, öffnen und schließen sich je nach Tonhöhe 100 bis 1000 Mal in der Sekunde.

Im Bereich Ihres Kehlkopfes herrscht eine Luftfeuchtigkeit von etwa 98 Prozent – außerhalb sind es etwa 40 Prozent. Wir produzieren täglich 1,5 bis 2 Liter Speichel. Der reicht jedoch nicht aus, um den trockenen Kehlkopf zu befeuchten. Durch regelmäßiges Trinken halten wir den Kehlkopf »frisch«. Im Bereich des Kehlkopfes herrscht eine konstante Temperatur von 35 Grad Celsius.

Ob ein Mensch eine hohe oder tiefe Stimme hat, hängt von der Größe der Stimmlippen ab. Je kürzer sie sind, desto häufiger schwingen sie und umso höher ist die Tonfrequenz. Frauen sprechen in eine Tonlage zwischen 220-250 Hz. Männer eine Oktave tiefer, 100-125 Hz.

KLARE WORTE

Die Länge der Stimmlippen beträgt bei Frauen im entspannten Zustand etwa 1,4 cm, bei Männern 2,4 cm.

Die Stimmen von Frauen haben sich in den vergangenen Jahrzehnten im Durchschnitt um zwei bis drei Halbtöne gesenkt. Laut Soziologen eine Folge der Emanzipation.

Männer bevorzugen Frauenstimmen, die sanft und weiblich klingen. Dahinter steckt die Annahme von Jugendlichkeit und Fruchtbarkeit. In der fruchtbaren Phase klingt die weibliche Stimme am attraktivsten.

Stimm- und Sprechbewegungen sind die komplexesten Bewegungsmuster. Für die richtige Bewegungsausführung der Stimm- und Sprechorgane werden während des fortlaufenden Sprechens in jeder Sekunde etwa 150.000 Einzelentscheidungen im Gehirn getroffen.

Während einer Artikulationsdauer von 1 Sekunde sind bis zu 140 verschiedene Muskeleinstellungen bzw. Bewegungen notwendig.

Die Hörschnecke des Menschen unterscheidet 7.000 Tonhöhen.

## Fundament gefragt!

Wer ist eigentlich der Macher unserer Stimme? Wer liefert den Treibstoff? Zum Sprechen benötigen wir zuallererst Luft. Die Luft aus der Lunge bringt die Stimmlippen zum Vibrieren, unsere Stimme klingt. Zwei graue Eminenzen sind dafür verantwortlich: das Zwerchfell und die Lunge. Ähnlich wie beim Bau eines Hauses gliedert sich die Stimme in unterschiedliche Bereiche. Das Fundament ist der Atem. Man kann ein Haus pompös, raffiniert mit allen Schikanen bauen oder schlicht und sachlich, doch in erster Linie geht es immer um eine solide Basis. Genauso ist es mit unserer Stimme.

### Sprechen ist klingendes Atmen.

Je leistungsfähiger die Atmung, umso mehr Gestaltungsmöglichkeiten hat die Stimme. »Halt!«, werden Sie jetzt vermutlich sagen, das Thema Atmung hatten wir doch gerade? Wundern Sie sich nicht, wenn manche Themen wiederholt werden. Die Atmung ist von zentraler Bedeutung und zieht sich deshalb wie ein roter Faden durch dieses Buch.

### Entspannten Menschen hört man gerne zu! – Die Indifferenzlage

Ein verkrampfter Körper überträgt seine Körperspannung nicht nur auf die Körpersprache, sondern auch über die Stimme. Unser Körper verhält sich wie ein Musikinstrument: Falsch gestimmt, klingt es nicht! Ist Ihnen schon einmal aufgefallen, dass Ihre Stimme in einer entspannten Situation richtig gut klingt? Falls Sie das nicht registrieren, dann mit Sicherheit Ihr Gesprächspartner. Das Gespräch ist voller Leichtigkeit und vermittelt eine zwanglose, offene Atmosphäre. Gestresst und angespannt gelingt uns das meistens nicht. Was tun? Das Phänomen heißt: Indifferenzlage! Für jeden Menschen gibt es einen individuellen Sprechstimmenbereich, in dem er natürlich, entspannt und variationsreich sprechen kann. Die sogenannte Indifferenzlage, auch Wohlfühl- oder Eigentonlage genannt. Mit ein wenig Übung lässt sich die Indifferenzlage leicht erreichen.

KLARE WORTE

— Übung: Lieblingsspeise —

Stehen Sie aufrecht, schließen Sie die Augen. Stellen Sie sich vor, Sie haben längere Zeit nichts gegessen und einen Bärenhunger. Sie kommen nach Hause, öffnen die Tür und der Duft Ihrer Lieblingsspeise empfängt Sie. Inbrünstig, aus ganzem Herzen sagen Sie genüsslich: »Hmmmm«, dabei streicheln Sie Ihren Bauch. »Hmmmm«, gleich noch einmal: »Hmmmm«. Glückwunsch, Sie sprechen in Ihrer Indifferenzlage.

Die Indifferenzlage wird meistens tiefer empfunden als die gewohnte Sprechtonlage und befindet sich im unteren Drittel Ihres Gesamtstimmumfangs. In dieser Lage können Sie besonders »wirtschaftlich« sprechen. Jetzt werden Sie sicher denken: »Na, das ging ja einfach!« Stimmt, wenn Sie sich bewusst auf die Übung einstellen, ist es kinderleicht. Problematisch wird es nur im Alltag. Im Eifer der Ereignisse vergessen wir schlichtweg unsere Wohlfühlstimmlage. Schnell klingt die Stimme angestrengt, gepresst oder geht nach oben. Also, überprüfen Sie regelmäßig, ob Sie noch in Ihrer Indifferenzlage sprechen. Mit einem kurzen »Hmmmm, hmmmm« finden Sie schnell zurück. Wichtig, einfach nur daran denken.

Jetzt lege ich noch einen drauf! Sprechen Sie während des Ausatmens »Hmmmm« und gehen Sie wellenförmig mit dem Ton nach oben und nach unten. Zusätzlich kauen Sie, als ob Sie einen Kaugummi im Mund hätten. Das lockert die Kiefermuskulatur und macht sie geschmeidiger. »Hmmmmm?« Merken Sie, Ihre Stimme klingt voller, tiefer, irgendwie »runder«. Stellen Sie sich die Indifferenzlage als Schmuseinsel für Ihre

Stimme vor. Versuchen Sie, diese Insel sooft wie möglich zu besuchen.

**Tipp:**
Sprechen Sie eine ganze Zeit lang in diesem Tonbereich, so dass Sie sich darin heimisch fühlen. Eine andere Möglichkeit, die Stimme auf Wohlklang zu justieren, ist Summen. Summen können Sie (fast) überall. Einfache Kinderlieder oder Ihre Lieblingssongs eignen sich besonders gut. Aber Achtung, der Tonunterschied sollte nicht mehr als 4 Töne (Quarte) betragen, ansonsten bewegen Sie sich zu weit aus Ihrer Indifferenzlage. – Haben Sie eine Vorstellung, was vier Töne Tonunterschied ausmachen? Dann lauschen Sie mal dem Wechsel der ersten 6 Töne der Serenade »Eine kleine Nachtmusik« von Wolfgang Amadeus Mozart. So klingt eine Quarte.

## »Haltung« ist angesagt

Stimme und Körperhaltung sind stark miteinander verbunden. Wir sprechen mit dem gesamten Körper. Die Körperhaltung und jede noch so kleine Veränderung moduliert unsere Stimme. Am Klang der Stimme erahnen wir, ob jemand steht, liegt oder beim Sprechen auf- und abgeht. Ein Mensch, der aufrecht geht, präsentiert seinen gesamten Oberkörper und wirkt dadurch selbstbewusst und offener. Nicht umsonst heißt es »Haltung wahren«. Ursache und Wirkung liegen hier dicht beieinander: Lassen wir die Schultern hängen, sinkt das Brustbein ein, die Brustwirbelsäule krümmt sich nach vorn, die Rippen ziehen sich zusammen, der Brustkorb wird eng. Ergebnis: Die Lunge kann sich nicht ausreichend weiten und es fehlt an Atemkraft (s. Kapitel 3).

Ein instabiler Nacken wirkt sich auf die Kehlkopfmuskulatur aus, diese wiederum auf die Stimmmuskeln und dadurch verkleinert sich der Resonanzraum für die Stimme.
Denken Sie daran: Ihr Körper fungiert als Klangraum und lässt sich mit einem Instrument vergleichen. Gut gespannte Saiten klingen wohltönend. Wird die Spannung übermäßig erhöht, kommt es zu einer Beeinträchtigung der Stimmqualität.

> Menschen, die ihre Haltung bewusst wahrnehmen und diese achtsam korrigieren, haben sowohl mehr Atemvolumen und Stimmklang als auch wesentlich mehr Präsenz.

### — Übung: Korrekte Körperhaltung —

Nehmen Sie eine offene, lockere Ausgangsposition ein. Verlagern Sie Ihr Körpergewicht nicht nur auf ein Bein (Standbein-Spielbein-Haltung), sondern gleichmäßig auf beide Füßen. Sie sollten das Gefühl haben, dass diese Haltung spontane Körperbewegungen ermöglicht. Füße hüft- bis schulterbreit ausrichten. Die Knie sind etwas durchgedrückt, das Becken aufgerichtet, Schultern leicht zurück, das Kinn entspannt. Brustbein nach vorn denken. Geben Sie innerlich Ihrer Stimme Bodenhaftung und »Standpunkt«. Nehmen Sie bewusst den Boden unter Ihren Füßen wahr. Rollen Sie mit den Fußsohlen vor und zurück. Haben Sie das

Gefühl, der Körper ruht in der Mitte? Stellen Sie sich vor, an Ihrem Scheitel zieht Sie ein Faden sanft nach oben. Spüren Sie, wie sich Schultern und Nacken lösen und locker sind. Spüren Sie Ihren Atem und genießen Sie Ihre Präsenz!

## Guten Morgen, Stimme!

6 Uhr am Morgen. Kompromisslos klingelt der Wecker. Aufstehen, Zähne putzen – Sie werden langsam wach. Ihre Stimme schläft noch. Circa zwei Stunden benötigt unsere Diva Stimme, um wieder ansprechbar zu sein. Sie braucht ihren »Schönheitsschlaf«. Wird sie plötzlich unsanft geweckt, gibt sie sich zickig, klingt rau, heiser und tiefer. Warum ist sie so eine Schlafmütze? Da gibt es gleich mehrere Gründe:

Körper und Stimme müssen frühmorgens erst einmal in die Gänge kommen. Über Nacht hat sich der Organismus erholt. Muskeln und Sehnen befinden sich im Entspannungsmodus – und Stimmlippen bestehen größtenteils aus Muskeln. Darüber hinaus sammelt sich auf den Stimmlippen Schleim und Sekret, welches die Schwingung beeinträchtigen kann. Genussmittel am Vorabend, wie Alkohol und Zigaretten, können den Effekt noch verstärken. Ein Grund mehr, warum unsere Stimme so »verkatert« klingt.

Und zu guter Letzt noch eine Gretchenfrage: Wie verändern sich Muskeln, wenn sie längere Zeit nicht genutzt werden? Spannen sie sich, werden dicker oder länger und schlaff? »Klarer Fall für die Muckibude«, werden Sie jetzt mutmaßen. Starker Einsatz, dicke Muckis – kein Einsatz, schlaffe Muskeln. Ergo denken Sie jetzt wahrscheinlich, auch länger ungenutzte Stimmlippen werden schlaff. Falsch, sie werden kürzer und dicker. Nicht weil sie an Masse zunehmen, sondern weil sie über Nacht aufquellen. Resultat: Sie schwingen langsamer und erzeugen tiefere Töne.

### — Übung: Stimmstark in den Tag —
**Den Gewinner erkennt man am Start!**
Die Dusche gehört bei den meisten von uns zum Wake-up-Ritual. Goldene Zeiten für die Stimme. Stimmlippen lieben das warme, feuchte Badezimmerklima und werden ideal eingestimmt. Denken Sie an die Indifferenzlage und summen Sie sich behutsam ein. Ist die Stimme ein wenig »frei geschwungen«, dann nur zu: plappern, stöhnen, gähnen und singen Sie genüsslich. Dusche beendet – unsere Diva ist bereit für einen Ganzkörpereinsatz.

Sie stehen mit geschlossenen Beinen. Stellen Sie sich langsam auf die Zehenspitzen, heben Sie die Arme und strecken Sie die Fingerspitzen so weit Sie können zur Decke. Räkeln Sie sich, legen Sie den Kopf langsam in den Nacken und schauen Sie zu den Fingerspitzen. Dann schlottern Sie mit den Knien. Lassen Sie nun die Arme wieder hängen, Ihr Kopf bewegt sich nach vorn und der Kiefer ist locker. Vibrieren Sie wie ein Pferd mit Ober- und Unterlippe: »Brrrrr...« Blähen Sie die Wangen und lassen Sie die Luft stoßweise entweichen – »bubbubbub...« Wenn sich das wie ein Traktor anhört, liegen Sie richtig.

Nach diesem Warm-up ist Ihre Stimme fit für den Tag.

## Gutes Sprechen

Mit einer warmen, wohlklingenden, angenehmen und deutlichen Stimme sprechen Sie Ihre Zuhörer an und erhöhen deren Aufmerksamkeit. Stimm- und Sprechbewegungen sind äußerst komplexe Bewegungsmuster. Dafür benötigen Sie eine Menge Helfer und die müssen fit sein. Da wären die sogenannten Sprechwerkzeuge – Kehlkopf, Muskulatur, Stimmbänder, Stimmritze und Schleimhäute. Hinzu kommen die Lautbildungsorgane, also Resonanzräume wie Rachenraum, Nasenraum und Mundhöhle. Zusätzlich unser Sprechausdruck und die Artikulationswerkzeuge. Jede Menge Holz. Doch keine Panik, solange Sie nicht den Job eines Opernsängers oder Nachrichtensprechers anstreben, genügt es, sich mit den Basics vertraut zu machen.

Gutes Sprechen heißt auch gute Artikulation. Das Wort Artikulation wird vom lateinischen *articulare* abgeleitet und bedeutet: deutliches Sprechen. Mit einer geschulten Artikulation sprechen Sie deutlicher und sind gleich ein ganzes Stück präsenter. Ein starker Dialekt, ein exotischer Akzent oder eine schludrige, schlampige Aussprache erschweren die Kommunikation und lenken den Zuhörer von dem Inhalt Ihres Gespräches ab. Weiterhin sind unklare, schwammige Gedanken ein grundlegendes Hindernis für eine klare Artikulation.

Oft sprechen wir, ohne genau zu wissen, was wir genau sagen wollen. So entstehen Fülllaute – Füllsel genannt – wie »ähh ... mhh ... tjaaa«, die wir als Pause zum Nachdenken benötigen.

> Klare Gedanken ermöglichen
> eine klare Aussprache.

Deutlich sprechen heißt jedoch nicht, dass wir jede Silbe oder gar die Wortendungen betonen. Die Wort- und Satzbetonung bleibt überwiegend gleich. Vokale und Konsonanten müssen nur so geformt werden, dass sie leicht erkennbar und unverwechselbar sind. So wird das, was Sie sagen, klar und verständlich.

## — Übungen: Zeit für die Mundmotorik —

Lippen, Unterkiefer, Zunge sind unsere Artikulationswerkzeuge, und die sollten so beweglich wie möglich sein. Mit ihnen wird der Ton geformt, der Klangstrom unterteilt, der Atem gestaut, mit ihnen werden Zischlaute erzeugt. Damit können wir die ganze Bandbreite der Artikulation nutzen.

Allerdings neigen wir dazu, unsere Mundmotorik im Schongang zu benutzen. Schnell ist ein Satz gesprochen, dabei wurden aber die Muskeln in unserem Mund nur minimal beansprucht. Ein Artikulationsbrei – im Volksmund auch »Nuscheln« genannt.

### Lippenflattern

Lassen Sie die Lippen wie beim Pferdeschnauben flattern – »brrrrrrrr«. Dieses Vibrieren der Lippen macht sie locker und flexibel. Gleich noch einmal: »Brrrrrrr.«

Ohne Zunge ist es nicht möglich zu sprechen, denn sie bildet die meisten Laute. Die Zunge ist ein wahres Multitalent. Mit ihr können wir nicht nur saugen, schmecken, schlucken oder tasten, sondern auch den Mund-/Rachenraum und somit den Resonanzraum verändern.

Mit der nächsten Übung wird die Flexibilität gefördert sowie die optimale Spannung erreicht. Achten Sie darauf, dass einzig die Zunge aktiv ist.

### »Zungentwist«-Training

Eine träge Zunge spricht nicht gern. Holen Sie Ihre Zunge aus der Komfortzone, das wirkt Wunder. Also, auf geht's, aktivieren wir dieses wichtige Sprechwerkzeug.

Strecken Sie die Zunge weit heraus. Versuchen Sie mit der Zunge so weit wie möglich in Richtung Kinn, Nase, linkes und rechtes Ohr zu gelangen.

Schlagen Sie mit der Zunge, gleich einem Klöppel, im Mundraum nach links und rechts.

Strecken Sie die Zunge ganz schnell raus und rein.

Erforschen Sie mit der Zunge Ihren Mundraum. Fahren Sie einige Male mit der Zunge an den Zahnreihen entlang und schneiden Sie dazu Grimassen.

### Geschmeidige Gesichtsmuskeln

Küssen Sie mit gespitztem Mund in die Luft. Natürlich können Sie diese herzhafte Zuwendung auch Ihrem Schatz widmen.

Mit den Fingerspitzen klopfen Sie sanft Gesicht, Mund, Nacken und Hals ab.

Reißen Sie im Wechsel Augen und Mund weit auf und kneifen Sie sie dann wieder zusammen.

Streichen Sie mit den Handballen von den Wangen bis zum Kinn. Lassen Sie dabei das Kiefergelenk locker.

Während des Abgleitens der Handballen öffnet sich das Kiefergelenk leicht. Wenn sich dabei ein (erwünschter) Gähnreflex einstellt, ist das die totale Entspannung. Gähnen Sie nach Herzenslust und sooft wie möglich.

*Lassen Sie während und nach den Übungen einen Ton erklingen.*
*Wie verändert sich der Ton?*

## Klar artikulieren – »Zungenbrechersätze« für mehr Beweglichkeit

Zungenbrechersätze werden in der Fachsprache als »Sätze mit Lautüberfüllung« bezeichnet. Oh ja, das lässt Raum für Phantasien ... Übersetzt heißt das, Sie trainieren die Beweglichkeit von Kiefer, Zunge und Lippen. Das Schwierige an Zungenbrechern ist das Aneinanderreihen von Wörtern mit ähnlichen Lauten. Die Artikulationsorgane schaffen mit ihrem schnellen Wechsel zwischen Konsonanten und Vokalen wahre Kunststücke der Feinmotorik. Circa 140 verschiedene Muskeleinstellungen/Bewegungen sind für eine Sekunde Sprechen notwendig. Besonders Kinder lieben Zungenbrecher, weil das Verhaspeln so lustig sein kann. Ziel ist, dass diese kniffligen Wortkombinationen, auch im schnellen Tempo gesprochen, klar und deutlich rüberkommen. Konsonanten müssen hörbar und Vokale gut zu unterscheiden sein. Also, drehen wir die Uhr zurück und lassen die Schulzeit aufleben.

## — Übung: So wird Ihre Artikulation geschmeidig – Teil 1 —

Sprechen Sie den Satz anfangs langsam und werden Sie bei jeder Wiederholung schneller:
Der Cottbusser Postkutscher putzt den Cottbusser Postkutschkasten.

Etwas schneller:
Der Cottbusser Postkutscher putzt den Cottbusser Postkutschkasten.

Noch etwas schneller:
Der Cottbusser Postkutscher putzt den Cottbusser Postkutschkasten.

So schnell wie möglich:
Der Cottbusser Postkutscher putzt den Cottbusser Postkutschkasten.

Weitere Zungenbrechersätze:
Esel essen Nesseln nicht, Nesseln essen Esel nicht.

Der dicke Dachdecker Dirk deckt des Dichters Dach.

Wenn der Benz bremst, brennt das Benzbremslicht.

Fischers Fritz fischt frischen Fisch. Frischen Fisch fischt Fischers Fritz.

Brautkleid bleibt Brautkleid und Blaukraut bleibt Blaukraut.

Gehören Sie zu denjenigen, die nicht schnell genug sprechen können? Dann probieren Sie doch einmal folgende Übung und sprechen Sie den Text so langsam wie möglich, artikulieren Sie jeden einzelnen Buchstaben. Das strengt die Mundmotorik zunächst an. Erinnern Sie sich, so haben Sie als Kind zu lesen begonnen. Wenn Sie die Laute mit mehr Bewegung von Kiefer, Lippe und Zunge formen und aussprechen, wird Ihr Sprechen automatisch präsenter. Anschließend wird es Ihnen leichter fallen, den gleichen Text in einem angenehmen Tempo zu sprechen.

### — Übung: So wird Ihre Artikulation geschmeidig – Teil 2 —

Sprechen Sie ganz langsam und deutlich:
D-e-r ... C-o-t-t-b-u-s-s-e-r ... P-o-s-t-k-u-t-s-c-h-e-r ... p-u-t-z-t ... d-e-n ... C-o-t-t-b-u-s-s-e-r ... P-o-s-t-k-u-t-s-c-h-k-a-s-t-en.

Sprechen Sie jetzt im normalen Sprechtempo:
Der Cottbusser Postkutscher putzt den Cottbusser Postkutschkasten.

## Laut Reden

Redner, deren Stimme zu leise ist, haben ohne Mikrofon keine Chance, sich durchzusetzen. Für große Anlässe stehen dafür Tontechniker und Lautsprecher parat – und schwupps, schon wird aus einem kleinen Kätzchen ein gewaltiger Stimmlöwe.

Im alltäglichen Leben steht uns diese Möglichkeit kaum zur Verfügung, aber auch lautes Reden kann man lernen, ohne anschließend heiser zu sein. Für viele ist es besonders anstrengend, vor einer Gruppe zu sprechen und sich stimmlich durchzusetzen. Oft ist nicht das Reden, sondern die Anspannung das Problem.

Hier heißt es üben, üben, üben. Nutzen Sie jede Gelegenheit, in einer größeren Gruppe eine kleine Rede zu halten. Sie werden schnell feststellen, dass vor Ihnen auch nur Menschen sitzen, die mit Ihnen und Ihrer Anspannung leiden und dass es eigentlich keine wirklich peinliche Situation gibt. Die nächste Übung kann Ihrer Stimme helfen, an Lautstärke zu gewinnen.

### Mehr Volumen in der Stimme

Mehr Volumen in der Stimme bringt gleich zwei Vorteile:

Erstens, das gesamte Frequenzspektrum wird aktiviert, Ihre Stimme klingt voller, präsenter, irgendwie runder.

Zweitens, die Stimme setzt sich auch bei geringerer Lautstärke besser durch und das ist sehr angenehm für Ihre Zuhörer.

Um einen hörbaren Ton zu bekommen, müssen die im Kehlkopf produzierten Schallwellen verstärkt werden. Dafür brauchen sie Platz, und diese Funktion erfüllen die Resonanzräume. Der Begriff Resonanz stammt aus dem Lateinischen und bedeutet »widerhallen«. Resonanzräume sind unter anderem die Nasennebenhöhlen, Stirnhöhle, Rachenraum und Brustresonanzen. Gehen wir es an!

#### — Übung: Mehr Volumen in der Stimme —

Stellen Sie sich aufrecht hin, Schultern nach hinten, Brust raus, denken Sie daran: Ihr Körper verwandelt sich zu einem Klangkörper. Atmen Sie natürlich. Machen Sie sich bewusst, dass Sie tief in den Bauch hinein atmen. Erinnern Sie sich? Wie war das mit der Zwerchfell-Flanken-Atmung? Denken Sie an die Indifferenzlage (»Hmmmm ... hmmm, lecker«), das aktiviert die Resonanzräume. Bitte »quetschen« Sie die

Töne nicht aus dem Hals heraus, denn das nehmen Ihnen die Stimmlippen sehr übel!

Übungssatz:
Meine Muhme Malle Mietz nahm in Memmingen eine Menge Möbel mit.

Sprechen Sie die ersten drei Worte und halten Sie dabei jedes »M« ein wenig länger. In etwa so:
Mmmmmmeine ... Mmmmmmuhme ... Mmmmmmalle ...

Ich weiß, die Übung ist gewöhnungsbedürftig, entsprechend angewandt weckt sie jedoch die Resonanzräume aus ihrem Dornröschenschlaf. Das »Mmmm« senkt Kiefer und Kehlkopf ab und der Resonanzraum im Rachen erweitert sich. Spüren Sie, wie Ihr ganzer Schädelknochen vibriert und die Lautbildungsorgane, also Resonanzräume, schwingen? Rachenraum, Nasenraum, Mundraum, Brustraum schwingen und vibrieren. Die Stimme klingt voller und damit präsenter!

Sprechen Sie den ganzen Satz mit dem verlängerten M und N:
Mmmmeine – Mmmmuhme – Mmmmalle – Mmmmietze – nnnnahm – innnn – Mmmmemmingen – eine – Mmmmenge – Mmmmöbel – mmmmit.

## Sprechausdruck – Sagen Sie, was Sie meinen, so dass jeder versteht, was Sie möchten!

George Bernard Shaw (1856–1950) sagte einmal:
»Im richtigen Ton kann man alles sagen, im falschen Ton nichts.«

Recht hat er: Der Ton macht die Musik! Beim Sprechen hören wir den Stimmklang, die Stimmmelodie, und wir erkennen neben der Sprechgeschwindigkeit Betonungen und Pausen. Diese Komponenten ergeben den Sprechausdruck, der neben dem Wortinhalt auch emotionale Informationen übermittelt.

> Unser Stimmorchester braucht einen Dirigenten: Und der sind Sie!
> Doch Vorsicht: »Stimmen« die Verhältnisse nicht, »dirigieren« Sie fehlerhaft, dann klingt Ihre Stimme bestenfalls schal und langweilig oder aber völlig überzogen.

Problematisch wird es, wenn der Sprechausdruck nicht mit dem Inhalt des Gesagten übereinstimmt. Die Begeisterung des Flugpiloten ist schwer vorstellbar, wenn er die Fluggäste mit gelangweilter, leiernder Stimme begrüßt.

»Meine Damen und Herren, herzlich willkommen an Bord, ich freue mich, Sie im Namen der Airline und der Crew begrüßen zu dürfen. Der Nebel hat sich jetzt aufgelöst und die Flugsicherung hat den Start freigegeben. Wir wünschen Ihnen einen angenehmen Flug.«

Kommt Ihnen dieser »freundliche« Inhalt bekannt vor? Genau so klingt routinierte Langeweile!

Die Merkmale des Sprechausdrucks können wir einzeln betrachten und ihre Verwendung trainieren. Zu den wichtigsten Merkmalen des Sprechausdrucks zählen:
- Lautstärke
- Melodie und Betonung
- Sprechtempo
- Sprechspannung
- Atmung und Pause
- Körpersignale
- Stimme und Artikulation

Puhh ... das ist ein wahrhaft riesiges Thema! Dennoch haben Sie die Möglichkeit, sich ein kleines, jedoch feines Ränzchen zu schnüren, mit dem Sie in kurzer Zeit gute Ergebnisse erreichen. Schon allein mit einer gezielten Betonung können Sie viel erreichen.

## — Übung: Betonung durch Lautstärkenveränderung —

Die Lautstärkenänderung zählt zu den Betonungsmitteln. Sie lenken den Zuhörer auf ein wichtiges Wort. Dabei entscheiden Sie, welches Wort oder welche Wortgruppe Priorität hat. Denn alles betonen, heißt am Ende, nichts zu betonen – und klingt mono-ton. Gut betonen heißt, die Wörter herauszuheben, die für das Verständnis des Sinn- und Textzusammenhangs wichtig sind. In der Fachsprache heißt das: sinnerschließende Betonung.

Beispielsatz:

»Hans arbeitet immer unten am Fluss.« Betonen Sie nun, der Reihe nach, jedes einzelne Wort. Sie werden feststellen, dass sich der Sinn der Aussage wandelt. Je bewusster und deutlicher Sie die Betonung setzen, umso klarer und leichter wird die Aussage für den Zuhörer.

**Hans** arbeitet immer unten am Fluss.

Bedeutung: Hans – nicht Elfriede – arbeitet immer unten am Fluss.

Hans **arbeitet** immer unten am Fluss.

Bedeutung: Hans schläft nicht immer unten am Fluss.

Hans arbeitet **immer** unten am Fluss.

Bedeutung: Hans arbeitet nicht nur heute unten am Fluss.

Hans arbeitet immer **unten** am Fluss.

Bedeutung: Hans arbeitet nicht immer oben am Fluss.

Hans arbeitet immer unten **am** Fluss.

Bedeutung: Hans arbeitet nicht immer neben dem Fluss.

Hans arbeitet immer unten am **Fluss**.

Bedeutung: Hans arbeitet nicht immer unten im Steinbruch.

Achten Sie während der Betonung darauf, dass Sie im Rachen nicht eng werden, die Stimme klingt sonst wie abgeklemmt. Und noch ein Tipp: Stellen Sie sich vor, die Stimme kommt aus dem Bauch. Bleiben Sie in der Indifferenzlage!

## Betonung durch Tonhöhenveränderung – die Kadenzen

Sprechen ist ein wenig wie Singen. Wenn Sie sprechen, dann tönt der Satz meistens melodisch, nur dass unsere »Sprechtöne« nicht so große Sprünge machen wie in einem Lied. Vielleicht ist Ihnen auch aufgefallen, dass wir am Ende eines Satzes mit der Melodie nach unten oder nach oben gehen – oder auch in der Schwebe bleiben? Das machen wir fast immer intuitiv. Aber warum ...? Nun, mit dem Melodieverlauf, der Intonation, wird am Satzende signalisiert, ob wir:

- mit dem Gedanken zu Ende sind,
- weitersprechen möchten,
- nur kurz informieren,
- auf Weiteres verweisen,
- Aufzählungen machen,
- eine Frage stellen.

Dafür sind die Kadenzen zuständig. Diese werden unterteilt in fallende, schwebende oder steigende Kadenzen. Kennen Sie Menschen, die kein Ende finden, die immer noch etwas sagen und nie zum Punkt kommen? Diese Menschen sind mit den Gedanken schon beim nächsten Satz und verwenden meistens schwebende und steigende Kadenzen. Resultat: Dem Zuhörer fehlt das akustische Signal, dass etwas zu Ende ist, und er hat keine Gelegenheit, darüber nachzudenken. Das ist ermüdend!

> Richtig angewandte Kadenzen führen zu mehr
> Verständlichkeit. Ihr Gesprächspartner hört aufmerksamer zu und behält auch mehr.

### Fallende Kadenz

Bei der fallenden Kadenz fällt der Melodiebogen am Ende der Aussage ab und der tiefste Ton liegt dabei in der Regel auf der letzten Silbe. Wenn Sie möchten, dass jemand komplexe Informationen gut versteht, dann werden Sie eine fallende Kadenz verwenden. Meistens wird die fallende Kadenz bei Zustimmung, Information, Bitten oder Feststellungen benutzt. Zusätzlich entspannt sich Ihr Stimmorgan und genügend Atem steht für die nächste Aussage zur Verfügung.

> Lassen Sie die Einatmung nach jedem Absenken der Stimme reflektorisch kommen, und nutzen Sie die Zeit für den nächsten Gedankengang.

Sprechen Sie den Satz in monotoner Sprechweise und ohne mit der Stimmmelodie auf- oder abzusteigen. Stellen Sie sich dabei vor, wie der Sprechton sich entlang einer schnurgeraden Linie orientiert.

Übungssatz:
»Hole mir doch bitte den Schraubenzieher.«

Und jetzt mit fallender Kadenz. Dabei gehen Sie bei dem Wort Schraubenzieher mit der Stimme nach unten:

»Hole mir doch bitte den Schraubenzieher.«

### Schwebende Kadenz

Bei der schwebenden Kadenz fällt die Stimmmelodie weder ab noch steigt sie an, sie »schwebt«, Sie sprechen in sogenannter weiterführender Intonation. Diese Art der Stimmmelodie wählen Sie, wenn ein Gedanke noch nicht abgeschlossen ist, Sie auf Zustimmung warten, etwas wiederholen oder aufzählen. Ziel ist es, den Spannungsbogen unserer Aussage zu erhalten. Zum Beispiel, wenn Sie unentschlossen sind und grübelnd etwas nachsetzen möchten, wenn Sie Wiederholungen oder Aufzählungen machen.

Übungssätze:

Sprechen Sie die Sätze in monotoner Sprechweise, ohne mit der Stimmmelodie auf- oder abzusteigen. Stellen Sie sich dabei vor, wie der Sprechton sich entlang einer schnurgeraden Linie orientiert.

Tja, in diesem Fall weiß ich nicht weiter. – Ähhh …

Wie war doch das gleich …?

Zuerst holst du den Mantel, dann den Schal, dann die Handschuhe.

Dazu sage ich nein, nein, nein!

### Steigende Kadenz

Die steigende Kadenz wird hauptsächlich benutzt, wenn eine Frage gestellt wird. Die Stimme geht zum Satzende nach »oben«.

Findest du das Auto schön?

Gehst du auch gern in die Berge?

Heißt du Franz?

Ist das alles?

### Die drei Kadenzen im Zusammenhang

Sprechen Sie den Text zuerst, ohne die Stimme anzuheben oder abzusenken:

Geh bitte in den Keller. Benötigst du Licht? Hole bitte Wein, Brot, Obst, Gemüse. Schalte dann das Licht aus.

Sprechen Sie jetzt die Sätze nacheinander in fallender, steigender, schwebender und wieder fallender Kadenz. Wenn möglich, nehmen Sie den Text auf und beurteilen Sie, ob es Ihnen gelang, durch die drei Kadenzen Spannung und Struktur in die Aussage zu bringen.

Geh bitte in den Keller (fallende Kadenz).

Benötigst du Licht (steigende Kadenz)?

Hole bitte Wein, Brot, Obst, Gemüse (schwebende Kadenz).

Schalte dann das Licht aus (fallende Kadenz).

Das hätten Sie auch ohne die Übungen so gesprochen? Super, dann sprechen Sie intuitiv richtig und Ihre Aussage führt zu mehr Verständnis. Kadenzen geben dem Sprechausdruck ein solides Fundament, somit stehen Ihre nächsten Übungen auf sicherem Boden!

## Pausen: Atem- und Sprechpausen

Oft sprechen wir viel zu schnell, ohne Punkt und Komma, und so geben wir unserem Gesprächspartner kaum Raum, unsere Worte zu verarbeiten. Das klingt dann in etwa so:

»Also gestern ... ähmm ... das war ein tolles Event. 300 ... äh, äh ... Gäste in Stimmung, dazu super Musik. Ich sage dir: Party, Party, Party. ... Ähmm ... Das, machen wir nächstes Jahr wieder!«

Viele Menschen haben regelrecht Angst vor der Pause. Um nicht den Eindruck zu erwecken, holperig zu sprechen, pflastern sie jeden Satz mit Füllseln wie »äh«, »hmm«, »jaaa« zu. Stattdessen können, ja sollten wir eine Pause wählen. In Redepausen geben wir dem Hörer Gelegenheit, Gedanken und Gefühle nachzuvollziehen. Worte sind für das Gehirn eine abstrakte Angelegenheit. Es muss die Information für unser Verständnis in Bilder übersetzen, damit wir sie logisch erfassen können. Dafür braucht es aber »Verarbeitungszeit«, erst dann entsteht beim Hörer eine Art Kopfkino. Reden Sie ohne Punkt und Komma, kommt es zum Filmriss. Ihr Gegenüber schaltet auf Durchzug.

Haben Sie Mut zur Pause. Machen Sie einen akustischen Punkt, Ihre Ausführung hört sich sonst wie eine Aufzählung an. Pausen gliedern den Satz in Sinneinheiten, und Ihr Gegenüber kann die Information viel besser verarbeiten. Kürzere Sprechbögen und die Reduktion des Sprechtempos erhöhen die Verständlichkeit.

### — Übung: Pausen —

Nehmen Sie zur Übung einen beliebigen Text und markieren Sie diesen mit Pausenzeichen. Setzen Sie das Zeichen bei allen Kommas sowie bei Punkten am Satzende. Das wirkt auf den ersten Blick »doppelt-gemoppelt«, erinnert Sie aber nachhaltig daran, an der Stelle eine kurze Pause zu machen. Anschließend lesen Sie Satz für Satz und lassen sich beim Sprechen viel Zeit, so dass beim Zuhörer »innere«

Bilder entstehen können. Machen Sie einen akustischen Punkt!

Also gestern (Pause), das war ein tolles Event (Pause). 300 Gäste in Stimmung (Pause), dazu super Musik (Pause). Ich sage dir (Pause), Party (Pause), Party (Pause), Party (Pause). Das (Pause) machen wir nächstes Jahr wieder!

Machen Sie die Probe aufs Exempel und sprechen Sie den Text einmal ohne und einmal mit den Pausen. Sie werden feststellen, dass der Pausensatz klarer, verständlicher und auch anschaulicher wird. Denken Sie an das Kopfkino!

### Staupause

Eine Variante der gestalteten Pause ist die sogenannte Staupause. Hier wird der Fluss des Atems, mit dem gesprochen wird, unterbrochen. Staupausen können ein Stilmittel sein, um die nachfolgenden Aussagen besonders zu betonen oder Spannung zu erzeugen. Dabei kann das Wort vor der Staupause leicht gedehnt gesprochen werden, so als ob Sie noch etwas Zeit zum Überlegen benötigten. Nach der Staupause klingt das erste Wort stärker betont. Diese Technik können Sie hervorragend bei Schauspielern verfolgen. Soll der Zuschauer unterschwellig, aber gezielt auf eine Situation oder Aussage hingewiesen werden, kommt häufig die Staupause zum Einsatz.

Ohne Staupause:
Letztes Jahr sind wir zu gar nichts gekommen.

KLARE WORTE

Mit Staupause:
Letztes Jahr (Pause) sind wir zu gar nichts gekommen.

Ohne Staupause:
Ich weiß nicht, ich habe da so ein dummes Gefühl.

Mit Staupause:
Ich weiß nicht, ich (Pause) habe da so ein dummes Gefühl.

Ohne Staupause:
Und was sah er: einen Hasen.

Mit Staupause:
Und was sah er: einen (Pause) Hasen.

Ohne Staupause:
Das war ein tolles Erlebnis!

Mit Staupause:
Das war ein (Pause) tolles Erlebnis!

## Verleihen Sie Ihrer Stimme Ausdruck

Sie können mit Hilfe des Sprechausdrucks ein ganzes Feuerwerk an Emotionen zünden. Doch Achtung, die innere Einstellung und Körperhaltung beeinflussen den Sprechausdruck. Mit anderen Worten: Körper führt Stimme. Durch Gesten und Mimik verstärken Sie die Ausdruckskraft der Sprache. Ein chinesisches Sprichwort sagt dazu treffend: »Eine unbewegte Glocke tönt niemals.« Stehen Sie steif wie ein Stock, kommt auch via Stimme emotional nichts rüber. Unterdrückte oder aufgesetzte Emotionen blockieren die Stimme und Sie wirken nicht überzeugend. Übermitteln Sie Ihre Botschaft mit den entsprechenden Emotionen. Natürliche Mimik, Körpersprache und Stimme vermitteln, ob Sie hinter dem stehen, was Sie sagen und ob Sie Ihr Publikum respektieren.

Sprechen Sie bitte den Satz:
»Was für ein herrliches Wetter, ich könnte Bäume ausreißen!«

Dabei stehen Sie wie zur Salzsäule erstarrt. Ohne Mimik und Körperbewegung. Der Satz klingt so einfach fade und emotionslos. Jetzt stellen Sie sich das schöne Wetter bildhaft vor. Lächeln Sie, Ihre Augen sprühen vor Freude. Lassen Sie Kopfbewegung, Mimik und Bewegung zu und unterstreichen Sie mit den Armen den Satz:

»Was für ein herrliches Wetter, ich könnte Bäume ausreißen!«

Das überzeugt! Sprechen ist Ausdruck unserer ganzen Persönlichkeit. Ein unnatürlicher Körperausdruck und eine abweichende innere Haltung verhindern geradezu, dass das Gesagte sich glaubwürdig anhört. In Verbindung mit echter Emotion wirkt eine Geste dagegen glaubwürdig. Ein lebendiger, natürlicher Ausdruck bringt Sie in den Kontakt mit Ihrem Gegenüber und verschafft Ihnen Präsenz. Gestikulieren Sie lieber ein bisschen mehr als zu wenig. Wenn Sie das Gefühl haben, Sie übertreiben, liegen Sie meistens gerade richtig (s. Kap. 5).

## — Übung: Sprechausdruck – Sprechhaltung – Klangfarbe —

Die Klangfarbe der Stimme gibt Auskunft darüber, was Sie empfinden. Gefühle verändern die Spannung im Atem- und Stimmorgan und beeinflussen dadurch den Stimmklang. Versuchen Sie, sich im folgenden

Übungsteil in verschiedene Gefühlssituationen hineinzuversetzen. Stellen Sie sich vor einen Spiegel, verinnerlichen Sie die Situation und nehmen Sie dabei die entsprechende Sprechhaltung ein.

Sprechen Sie den Satz zuerst neutral:
»Oh, na da hattest du ja eine super Idee!«

Dann wütend, ballen Sie die Fäuste und machen Sie dabei ein grimmiges Gesicht:
»Oh, na da hattest du ja eine super Idee!«

Jetzt gelangweilt, stellen Sie sich vor, wie Sie gerade auf dem Sofa rumlümmeln und zu rein gar nichts Lust haben:
»Oh, na da hattest du ja eine super Idee!«

Weitere Sprechhaltungen, die Sie in Verbindung mit anderen Sätzen üben können: ängstlich, überrascht, ironisch, verliebt, nachdenklich, unsicher, herablassend.

Beobachten Sie Ihre Gestik, Körperbewegung und Mimik im Spiegel. Sind Sie dabei überzeugend? Halten Sie Blickkontakt, fühlen Sie sich dabei wohl? Achten Sie darauf, dass sich die Klangfarbe Ihrer Stimme deutlich mit Ihrer Stimmung verändert. Zeichnen Sie Ihre Interpretationen nacheinander auf und überprüfen Sie beim Abhören, ob die gespielte Situation »hörbar« ist.

## Vitale Stimme

Wie wichtig unsere Stimme ist, merken wir erst, wenn Sie versagt. Vor einiger Zeit versetzte eine banale Erkältung meine Stimme in den Ausnahmezustand. Ich war im wahrsten Sinne des Wortes sprachlos. Der Gang zur Apotheke wurde zum Desaster. Es gelang mir beim besten Willen nicht, auch nur annähernd ein leises »Guten Tag« zu sagen. Aus meinem Mund hauchte es nur heiße Luft. Leidend reichte ich das Rezept über den Ladentisch. Selber schuld! Ich hatte meiner Stimme alles abverlangt und sie schließlich überfordert. Eine harmlose Erkältung war dann das i-Tüpfelchen, um das Kommunikationsmedium Nr. 1 schachmatt zu setzen.

**Tipps für Ihre Stimmpflege**
- Trinken, trinken, trinken! Trinken Sie viel, damit die Schleimhäute gut befeuchtet sind. Am besten trinken Sie stilles Wasser, Fruchtsäfte oder Kräutertee. Milch kann verschleimen!
- Nutzen Sie eine stimmstärkende Körperhaltung, sitzen Sie beim Sprechen aufrecht, stehen Sie beim Präsentieren gerade und dynamisch.
- Achten Sie auf angenehme Luftverhältnisse, gut sind ca. 45 Prozent Luftfeuchtigkeit. Sorgen Sie für ein gutes Raumklima. Kalte, trockene oder staubige Luft sind eine extreme Beanspruchung für die Stimme.
- Sprechen Sie möglichst natürlich. Überanstrengen Sie Ihre Stimme nicht und finden Sie heraus, in welcher Lage und in welcher Tonhöhe Sie sich beim Sprechen wohlfühlen. Atmen Sie bewusst. Stichwort: Indifferenzlage.

### Vier Übungen, die Ihre Stimme blitzschnell in Schwung bringen:
- Lockern Sie Ihren Unterkiefer, indem Sie ihn mit Ihren beiden Daumenballen vom Jochbein bis zum Kinn massieren.
- Flattern Sie wie ein Pferd mit den Lippen.
- Lassen Sie ein genüssliches »Hmmm« ertönen.
- Kopf hoch für freien Atem!

### Darüber freut sich Ihre Stimme:
- Bei Erkältung inhalieren: Dazu einen Teelöffel Salz ins Wasser geben. Zusätzlich können Sie ein homöopathisches Mittel (Argentum nitricum) einnehmen. Bewährt haben sich die Potenzen D6 und D12. Dosierung: 5 Globuli 3-mal täglich. Und schonen Sie Ihre Stimme!
- Herzhaft gähnen: Das lockert die Muskeln und erweitert den Resonanzraum im Rachen.
- Sorgen Sie für körperlichen Ausgleich: Entspannungsübungen, Yoga oder Spaziergänge wirken Wunder.
- Lutschbonbons regen den Speichelfluss an, zum Beispiel: Emser Pastillen, Isla Moos oder Salbeibonbons.
- Und: Lachen Sie öfter! – Lachen lockert die Muskulatur und fördert die Durchblutung. Die Atmung wird vertieft und die Leistungsfähigkeit der Lunge verbessert.

### Hier protestiert Ihre Stimme:
- Rauchen – Tabakrauch greift die Schleimhäute an.
- Flüstern – ist anstrengend, weil man mit Muskelkraft die Stimmlippen zusammenhält und nur ein kleiner Teil der Stimmbänder zum Einsatz kommt.

- Räuspern – führt zur starken Anspannung der Stimmlippen.
- Alkohol – schädigt die Schleimhäute und macht sie anfällig für Infektionen.
- Scharfe Gewürze – reizen die Schleimhäute und wirken austrocknend.
- Kaffee, schwarzer oder grüner Tee – trocknen die Schleimhäute aus.

## Resümee unseres kleinen Stimmausfluges

Menschen sind von Natur aus gesellige und kommunikative Wesen. Wir möchten uns mitteilen. Wir möchten, dass man uns Beachtung schenkt. Aber vor allem möchten wir, dass man uns glaubt! Die Stimme ist dabei ein wichtiger Begleiter, der blitzschnell darüber entscheidet, ob und wie wir bei anderen ankommen. Welche Zu-Stimmung, welchen An-Klang, welches Echo wir erreichen. Ob bewusst oder unbewusst, die Stimme bringt unseren Charakter und unsere Persönlichkeit zum Ausdruck.

Monotoner Stimmklang oder Sprechausdruck sind kein Schicksal, sondern wir können gezielt daran arbeiten. Beginnen Sie mit kleinen Schritten, auch der Alltag bietet genügend Übungsfelder und Lernchancen. Genießen Sie es, wenn Sie Veränderungen bemerken, der Chef Ihnen plötzlich mehr Aufmerksamkeit schenkt oder Sie beim Meeting mehr Akzeptanz erfahren. Und vor allem: Haben Sie Spaß am Sprechen! Die Stimme ist kein statischer Klotz, sondern ein äußerst flexibles Instrument.

# 5 STEH' GERADE!

## Warum Körperhaltung nicht gleich Körpersprache ist

Steh' gerade! Stand up straight! Se tenir droit! Pararse derecho! Seiso suoraan! Simama sawa! Wieqaf straight! postavete sa rovno …!

Haltung ist … DIE universelle Sprache.

Gedanken sind unsichtbar, erst die Übertragung auf den Körper macht sie sichtbar. In meinen Seminaren mache ich immer wieder die Erfahrung: Es lohnt sich, sich dieser individuellen Übersetzung bewusst zu werden. Sobald innere Einstellung, Gedanken, Empfindung UND Körper im Einklang sind, steigert sich meine Überzeugungskraft. Die besten Argumentationen nutzen wenig, wenn mein Körper eine andere Geschichte erzählt.

Ich war felsenfest von der »Sprache des Körpers« und deren Interpretation überzeugt. Für mich war klar, dass man die Körpersprache wie jede Sprache lernen und auch beeinflussen kann.

## KLARE WORTE

Hände in Hüfthöhe, Augenkontakt halten, Distanzzonen beachten, keine Spielbeinhaltung usw. Das ist machbar, das kann man lernen. So weit, so gut. Bis zu jenem Tag, an dem mich ein Seminarteilnehmer mit einer kontroversen Betrachtung aus dem Konzept brachte und zu folgender Schlussfolgerung führte: »Wenn der Körper nicht lügt, dann kann ich ihm auch nichts aufzwingen. Ließe der Körper sich aber doch etwas aufzwingen, hieße das im Klartext: Ich beeinflusse meine Körpersprache. Dann würde mein Körper zwangsläufig lügen?! Dann wiederum ist jedes Körpersprachetraining paradox!«

Nun, hier hat sich eine feine Zwickmühle aufgetan. Wenn ich Körpersprache nicht verbessern kann, wozu dann noch das Thema ansprechen? Dann gehören alle Tipps in die Tonne gestampft. Fragen kamen hoch: Körpersprache – was steckt in unseren Genen und was sind nur Gewohnheiten? Was ist typisch »menschlich«, und was haben wir uns, entsprechend Tradition und Herkunft, angeeignet? Tatsache ist, unser Körper sendet ständig nonverbale Signale. Egal ob wir schlafen, essen, grübeln, debattieren, der Körper hat immer »sein« Wörtchen mitzureden!

»Man kann nicht nicht kommunizieren.«
*Paul Watzlawick*

## Weshalb macht unser Körper, was er macht? Wo liegt der Ursprung?

Tiere besitzen eine unmissverständliche Körpersprache. Der Hund, des Menschen bester Freund, drückt sich «hündisch« aus. Sind die Ohren nach hinten gerichtet, heißt das: Ich unterwerfe mich. Möchte er Selbstsicherheit und Dominanz ausdrücken, macht er sich so groß wie möglich und verlagert sein Gewicht nach vorn. Klemmt er seinen Schwanz ein, ist das ein Zeichen von Ängstlichkeit. Schwanzwedeln hingegen heißt meist: Ich freue mich. Perfekte Hundekommunikation. Miezi empfindet und zeigt das etwas anders. Wenn unser Stubentiger den Schwanz hin- und herpeitscht, ist die Katze zornig und angriffsbereit. Hier gibt es seit ewigen Zeiten Missverständnisse zwischen Katze und Hund. Langsames Blinzeln oder Zwinkern, gefolgt vom Abwenden des Blickes ist hingegen ein Zeichen der Zuneigung. Unter Katzen gibt es hier definitiv keine Irrtümer. Die gesamte Tierwelt hat ihren eigenen Weg, miteinander zu kommunizieren. Laute, Duftstoffe oder Gesten zählen zu ihrem Repertoire. Diese direkte Kommunikation hat sich für die Verteidigung, Fortpflanzung, Futtersuche oder Warnung vor Feinden über Millionen von Jahren bewährt.

Der Mensch ist einen anderen Weg gegangen. Seit Charles Darwins Evolutionstheorie wissen wir: Der Primat ist unser direkter Vorfahre. Dessen Ursprung liegt etwa vor 80-90 Millionen Jahren, gefolgt von unserem nächsten Verwandten, dem Schimpansen. 99 Prozent der Gene eines Schimpansen decken sich mit unseren eigenen, und so wundert es nicht, dass dessen Mimik fast so ausgeprägt ist wie bei uns Menschen. Forscher vermuten, dass sich unsere Wege vor etwa 15 Millionen Jahren getrennt haben, wir aber erst vor etwa 5/6 Millionen Jahren einen eigenen Entwicklungspfad einschlugen. Die Verständigung wurde durch Zeichen und Gesten geregelt und legte den Grundstein für unsere heutige Sprache. Es waren einfache Botschaften wie Gebietsansprüche, Paarungsverhalten oder Warnlaute, die direkt kommuniziert wurden. Man kann davon ausgehen, dass hier bereits die sieben universellen Grundemotionen, die da sind Freude, Trauer, Wut, Angst, Ekel, Überraschung und Verachtung, als wichtige Ausdrucksmöglichkeiten zum Einsatz kamen. Egal, in welchem Teil der Erde wir heute leben und aus welcher Kultur wir kommen, diese sieben Grundemotionen werden auf der ganzen Welt verstanden.

Vor etwa 2,8 Millionen Jahren, in der frühen Steinzeit, waren unsere Urahnen noch weit entfernt von einer komplexen, verbalen Kommunikation. Bis zur Entwicklung einer ausgefeilten Sprache, wie wir sie heute kennen, verging noch einige Zeit. Die verbale Kommunikation beschränkte sich im Rahmen der »direkten Sprachsituation« – das heißt, Absprachen für die Zukunft, Erfahrungsaustausch aus der Vergangenheit oder gar etwas Irreales zu formulieren, waren (noch) nicht möglich.

130.000 Jahre später (vor ca. 1,5 Millionen Jahren) betrat das »Schweizer Taschenmesser der Steinzeit«, der Faustkeil, die Bühne. Die Herstellung dieses Multifunktionswerkzeugs erforderte großes Geschick und markiert eine Epoche, in der sich das menschliche Gehirn rasant weiterentwickelte. Wissenschaftler vermuten, dass dieses Werkzeug nur mit Hilfe verbaler Verständigung, wenn auch auf einfacher Grundlage, hergestellt werden konnte. Hierzu war eine höhere Form der Kommunikation notwendig, um die Arbeit und das Zusammenleben zu organisieren. Eine Revolution in den Köpfen ging um.

Homo erectus, eine Art Urmensch, der in diesem Zeitraum lebte, begann, die tierischen Lautsysteme zu differenzieren und gezielt einzusetzen. Schließlich, vor etwa 300.000 Jahren, traten wir, der Homo sapiens in seiner Frühform, auf den Plan. Und es dauerte noch weitere 250.000 Jahre für die nächste »Kopfrevolution«, neue Arbeitstechniken und Werkzeuge wurden entwickelt. Parallel dazu explodierte die Sprache und wurde im Zuge dieser Entwicklung komplexer und ausdrucksstärker – bis zum heutigen Tag.

And the winner is? Unsere universelle Sprache!

Nach einer langen Phase der Entwicklung tauchte vor etwa 50.000 Jahren die erste vollständige moderne Sprache auf. Für uns klingt das nach einer Ewigkeit. Im Verhältnis zur Entwicklung des Menschen ist es jedoch nur ein Wimpernschlag. Stellen Sie sich vor, eine Sekunde entspräche 1.000 Jahre. Demnach erschufen die alten Römer ihr Imperium vor ca. 2 Sekunden. 50.000 Jahre wären fast 1 Minute. Unsere menschliche Entwicklungszeit von 15 Millionen Jahren entspräche dann 252 Stunden. Das sind fast 10 ganze Tage bzw. 432.000-mal »Römerzeit«. Da hat unsere Körpersprache im Verhältnis schon ein paar Jährchen mehr auf dem Buckel. Genug Zeit also, in der sie sich dauerhaft in unseren Genen verankern konnte.

Für unsere abstrakten Denkmuster wären wir ohne Sprache auf verlorenem Posten. Selbst ein geschulter Pantomime hat Schwierigkeiten, nur mit Hilfe seines Körpers und seiner Mimik komplexe Gedankengänge darzustellen (Gebärdensprache mal ausgenommen). Telefonieren oder Verständigung in rabenschwarzer Finsternis wäre ein aussichtsloses Unterfangen. Die Sprache dominiert die Kommunikation, den Körperausdruck nehmen wir nur unbewusst wahr.

Ist also die verbale Kommunikation, unsere Sprache, der große Evolutionsprimus? Nun, lange Zeit galt, dass nonverbale Ausdrucksmöglichkeiten (Gestik, Mimik, Körperhaltung, Körperbewegung) wahrgenommen und unbewusst beantwortet werden. Doch dieser nonverbalen Verständigung fehlte die Deutung und Definition. Erst der amerikanische Anthropologe Ray Birdwhistell (1918–1994) hat sich um das Wissen rund um Körpersprache bemüht. In den 1950er-Jahren prägte er den Begriff Kinesik. Diese junge Wissenschaft erforscht die nichtsprachliche Verständigung, wie zum Beispiel Mimik, Gestik und Bewegung im Raum. Ein gutes Beispiel dafür ist der Stummfilm: Ohne verbale Sprache muss er seine gesamte Wirkung entfalten können. Lediglich Musik und – zugegeben, leicht überzogene – Körpersprache stehen ihm zur Verfügung. So können wir der Story folgen und sie gut nachvollziehen. Es genügen Mimik, Gestik und Körperhaltung. Diese Signale werden blitzschnell verstanden. Sie sind ein wesentlicher Bestandteil menschlicher Interaktion.

Nonverbale Botschaften sind universell. Wir erkennen ohne Sprache sehr schnell, wie sich unser Gegenüber fühlt, was es denkt oder verschweigt. Schon von klein auf beherrschen wir das intuitive Verständnis für die Körpersprache. Dieser tief in unseren Genen eingebrannte evolutionäre Vorteil lässt sich nicht täuschen. Und genau das ist der springende Punkt: Verbale und nonverbale Kommunikation müssen kongruent sein. Passt hier etwas nicht zusammen, schlägt das Unterbewusstsein Alarm. Innerhalb weniger Millisekunden signalisiert die Amygdala im Gehirn, dass etwas unstimmig ist. Jetzt verlassen wir uns eher auf die Körpersprache und nicht auf das, was gesagt wird.

Wenn unser Gegenüber sein bestes Fake-Lächeln aufsetzt, braucht es mehr als nach oben gezogene Mundwinkel und blitzende Zähne, um das Unterbewusstsein auszutricksen. Welche Differenzierung liegt zwischen einem echten und einem unechten Lächeln? Unser Unbewusstsein, clever wie es ist, fragt sich zuerst: »Lachen die Augen?« Echtes Lächeln aktiviert nämlich den Augenringmuskel und es entstehen kleine Fältchen um die Augen. »Heben sich die Wangenknochen? Ist das Lächeln symmetrisch? Baut es sich langsam auf und klingt ebenso langsam wieder ab?« – Dann erst gibt es grünes Licht. Bei einem echten Lächeln, das von Herzen kommt, glänzen und lächeln die Augen gleichzeitig, dieses Lächeln legt sich über das ganze Gesicht. Ohne unser Zutun senden Körper und Mimik 100-Prozent-echt-Signale!

Das kommt von innen, das können wir nicht bewusst beeinflussen. Blicken die Augen dagegen stumpf, teilnahmslos und ausweichend? – Dann kommt vom Unterbewusstsein postwendend das Aus! Es gibt allerdings eine »taktische« Hintertür: Wir können unseren Körper bewusst Signale vermitteln lassen. Dazu zählen antrainierte Fähigkeiten. Ein ausdrucksloses Pokerface kann genauso trainiert werden wie ein kräftiger, sprich selbstbewusster Händedruck. Beides verfolgt das Ziel, etwas zu verschleiern oder zu beschönigen. Für eine gewisse Zeit mag das klappen, doch über kurz oder lang verrät der Körper den Bluff.

> Unsere Psyche drückt sich in der Körpersprache aus und äußert sich in Signalen. (Diese sind) Informationen mit konkreten Hintergründen bzw. Aufgaben.

## Bewusst oder unbewusst – das ist hier die Frage!

Streng genommen ist unser Körper ein »Erfüllungsgehilfe«. Er spiegelt wider, was wir denken oder fühlen. Das ist die eine Seite. Er kann aber auch Gewohnheiten spiegeln oder etwas ausdrücken, was wir ihm »befehlen«. Es handelt sich um zwei unterschiedliche Prägungen:

Körpergewohnheit = bewusste Körpersignale
(kognitiv oder Gewohnheit)

Körperausdruck = unbewusste Körpersignale
(Unterbewusstsein)

Das klingt ähnlich, birgt aber einen entscheidenden Unterschied. Körpersprachliche Gewohnheiten lassen sich im positiven und negativen Sinne verändern und korrigieren. Eine gute Körperhaltung erfordert ein neues Mindset und ist somit machbar. Anders der Körperausdruck, dieser spiegelt meine Persönlichkeit wider – und die lässt sich nicht so ohne weiteres verändern.

## Körpergewohnheit

Körpersprachliche Gewohnheiten schleichen sich nach und nach ein und sind uns meistens nicht bewusst. Und wenn doch, dann erscheinen sie uns nicht sonderlich störend. Das kann unter Umständen fatale Folgen haben. Vor allem wenn man nicht die leiseste Ahnung davon hat, wie die Körpersprache gedeutet wird. »Dummheit schützt vor Strafe nicht«, sagt der Volksmund, aber: »Nichtwissen schützt vor Strafe nicht«, trifft es besser. Es ist müßig, über Sinn und Unsinn unzähliger körpersprachlicher Deutungen zu streiten. Auf jeden Fall sollten Sie die wichtigsten kennen. Andere Menschen kennen sie auch.

### Beispiel:
Angenommen, Sie bewerben sich für einen neuen Job und Körpersprache ist für Sie ein Buch mit 7 Siegeln. Ihr Gesprächspartner hat dagegen mehrere Körperspracheseminare absolviert und fühlt sich bestens qualifiziert, Rückschlüsse auf den Charakter einer Person zu schließen. Vorhang auf!

### 1. Akt:
Begrüßung, Händeschütteln.

Sie gehen erwartungsvoll aufeinander zu. Dabei denken Sie: »Aua, bloß nicht zu fest die Hand drücken.« – Zu schmerzhaft ist die Schnittverletzung von gestern Abend.

»Oh, schlaffer Händedruck, der kann nicht zupacken«, denkt Ihr Interviewpartner.

### 2. Akt

Sie werden gebeten, Platz zu nehmen. Wie gewohnt, setzen Sie sich an den vorderen Rand der Sitzfläche, dabei zeigt der rechte Fuß leicht nach außen. Ihre gewohnte Sitzhaltung wird von Ihrem Interviewpartner als »Flucht/Abwehrreaktion« gedeutet.

### 3. Akt

Der Einstieg in das Bewegungsgespräch nimmt einen positiven Verlauf. »Läuft super«, denken Sie und sinken erleichtert in den Entspannungsmodus. Ganz automatisch verschränken Sie Ihre Arme über die Brust und unterstreichen damit Ihr gutes Gefühl. Sie Ahnungsloser. Ihr Interviewpartner entnimmt aus dieser Haltung Distanz und Widerstand. Ein absolutes No-Go, das passt nicht in's Unternehmen. Basta!

### Das Finale:

Ihr Interviewpartner hat es eilig und geleitet Sie mit den Worten »Wir melden uns dann bei Ihnen« freundlich lächelnd zur Tür. Sie warten bis heute auf eine Nachricht.

### Konsequenz:

Wenn Sie Glück haben, ist Ihr Gesprächspartner bereits ein fortgeschrittener »Körpersprache-Versteher«. Er weiß, eine einzelne, isolierte Haltung oder Bewegung sagt noch gar nichts. Erst wenn zwei, besser drei gleichzeitige Signale zusammentreffen, formiert sich ein Bild, das schwer zu revidieren ist.

## KLARE WORTE

### Zum Beispiel:

Sie setzen Sie sich an den vorderen Rand der Sitzfläche, die Füße zeigen nach außen und Ihre Arme sind über der Brust verschränkt, dann läuten die Alarmglocken Ihres Gegenübers berechtigt: Abwehrhaltung!

Kenner wissen, dass krankheitsbedingte Begleiterscheinungen und unkontrollierte Angewohnheiten (Impulskontrollstörungen, sogenannte Tics) Lidflattern, Mundverziehen (unkontrollierte Muskelzuckungen), auch Schniefen, Hüsteln etc. keine Bewertungsgrundlage darstellen. Und last but least, es gibt ja auch noch kulturelle und geschlechterspezifische Unterschiede.

Also, gehen Sie immer davon aus, dass Ihre Gesprächspartner einen unterschiedlichen Wissensstand über nonverbale Kommunikation haben. Das bedeutet für Sie, die bekanntesten Körpersprachesignale gilt es zu kennen und zu beachten.

### Das heißt ...

Ein kleines Wehwehchen lässt den Finger etwas schmerzen? Sie erwidern trotzdem beherzt den Händedruck – aber bitte nicht zu fest, Frauen interpretieren das als Machogehabe! Oder, noch besser, Sie sagen einfach, was los ist.

Selbstverständlich nutzen Sie die gesamte Sitzfläche des Stuhls und richten die Schuhspitzen nach vorn aus. Vermeiden Sie es, Ihre Füße um die Stuhlbeine zu wickeln, daraus wird Angst interpretiert.

Es ist durchaus bequem, die Arme über die Brust zu verschränken, und ja, es hat sich rumgesprochen, dass es nicht nur eine »Abblockhaltung« ist. Dennoch sollten Sie es aus Ihrem Verhaltensrepertoire bei öffentlichen und wichtigen Kommunikationssituationen streichen.

Haben Sie jetzt Ihren Körper zum Täuschen verführt? Nein! Sie haben einfach Gewohnheiten korrigiert, die nichts mit Ihrem wahren Wesen zu tun haben und so Fehlinterpretationen vermeiden. Damit verkaufen Sie sich dem Unternehmen nicht als »Mogelpackung«. Im Gegenteil, Sie machen den Blick frei für Ihre wahre Persönlichkeit und werden objektiver eingeschätzt.

## 10 »Don'ts« der Körpersprache

### 1. Berührung (sich kratzen etc.) von Kopf, Hals oder Nase

Situation:
Sie haben sich unpassend gekleidet. Der Hemdkragen/die Bluse sitzt zu eng, die Hose/der Rock kratzt auf der Haut, der Raum ist überheizt und Ihnen ist zu warm.

Interpretation:
Wird als ein Hinweis für Unsicherheit, Zweifel und sogar Lüge gedeutet. Fällt in die Kategorie Verdrängungs-, Verlegenheitsgeste oder Übersprungshandlung. Dahinter stecken oft nur Gefühle und als Folge überschüssige Energie, die mit Hilfe der Kratzbewegung abgebaut werden.

Tipp:
Versuchen Sie, während der Unterhaltung Kopf, Hals, Nase und Ohr nicht zu berühren. Vermeiden Sie ein nervöses Herumnesteln am Kleidungsstück. Falls Ihnen zu warm ist, legen Sie in aller Ruhe die Kleidungsstücke ab, die Sie entbehren können.

## 2. Auf die Uhr schauen

### Situation:
Ihre Zeit ist begrenzt, der nächste Termin naht. Sie schauen immer mal wieder kurz auf die Uhr.

### Interpretation:
Sie wollen gelangweilt wirken? Dann schauen Sie sooft es geht auf die Uhr! Jedes Mal, wenn Sie auf die Uhr schauen, während Sie sich unterhalten, hat Ihr Gesprächspartner das Gefühl, das Thema interessiere Sie nicht.

### Tipp:
Schauen Sie bewusst auf Ihre Armbanduhr (oder auf Ihr Handy) und kommentieren Sie das zum Beispiel: »Einen Moment bitte, ich schaue kurz, wie spät es ist, ich möchte meinen nächsten Termin nicht verpassen.«
Niemand nimmt es Ihnen übel, wenn Sie sich über die Uhrzeit informieren. Das signalisiert Ihrem Gegenüber, dass Sie im Gespräch präsent sind.

## 3. Beinposition

### Situation:
Sie schlagen beim Sitzen die Beine übereinander, aus Gewohnheit oder weil es für Sie bequem ist.

### Interpretation:
Zeigt das überschlagene obere Bein vom Gesprächspartner weg, ist das gleichbedeutend mit Ablehnung (Abbau vom Sympathiefeld). Ihm zugewandt bedeutet es Interesse.

Tipp:
Auch wenn es bequem ist, bevorzugen Sie eine aufrechte Sitzposition. Parallele Beinhaltung mit leicht geöffneter Beinstellung und mit beiden Fußsohlen fest auf dem Boden spricht für Offenheit.

### 4. Beide Hände in der Hüfte abstützen – Handhaltung

Situation:
Eben hatten Sie die Arme locker hängen, jetzt entlasten Sie unbewusst die Schulter und stemmen die Hände in die Hüfte.

Interpretation:
Die Deutung für diese Körperhaltung: Imponiergehabe, Überlegenheitsgefühl, Entrüstung. Nach dem Motto: »Von Ihnen lasse ich mir nichts sagen!«

Tipp:
Für einen kurzen Augenblick ist diese Position kein Problem. Generell aber lieber darauf verzichten.

### 5. Der abwehrende »Bremsfuß«

Situation:
Während eines längeren Gespräches verlagern Sie das Körpergewicht auf das linke Bein. Dabei heben Sie den rechten Fuß, als würden Sie ein imaginäres Bremspedal treten.

Interpretation:
Der zum »Bremsfuß« erhobene Schuh signalisiert: »Bleiben Sie mir bloß vom Leib, mit Ihnen möchte ich nichts zu tun haben.«

KLARE WORTE

Tipp:
Verteilen Sie das Körpergewicht gleichmäßig auf beide Füße, dabei sind die Beine nicht durchgestreckt und die Knie leicht gebeugt. Verlagen Sie das Körpergewicht, indem Sie ein Bein strecken und das andere in der Kniekehle leicht beugen.
Vorteil: Häufiges, bewusstes Wechseln zwischen günstigen Standpositionen und Entlastungshaltungen beugt Rückenschmerzen vor.

## 6. Der Cowboy-Stand – Haltung

Situation:
Etwas breiter zu stehen, ist für Sie normal. In dieser Position fühlen Sie sich stabil und sicher.

Interpretation:
Eine breite Standposition signalisiert einen gewissen Territorialanspruch und vermittelt Dominanz. In der Kombination mit Fußspitzen nach außen sind Sie in der Cowboy-Falle, die besonders machtvoll erscheinen möchte.

Tipp:
Stehen Sie ausgewogen, dabei bilden die Schultern und Fußaußenkanten eine Linie (siehe auch Nr. 5 »Bremsfuß«).

## 7. Übertriebene Gestik

Situation:
Sie haben ein lebhaftes Temperament und verfügen über zu viel Energie. Diese leiten Sie unbewusst über die ausdrucksstarke Gestik ab.

Interpretation:
Übertriebenes Gestikulieren wird generell negativ empfunden. Man verbindet damit auch Unsicherheit und keine Stressresilienz.

Tipp:
Bewusst und wirkungsbedachte Gesten unterstreichen hervorragend das gesprochene Wort.

## 8. Blickkontakt vermeiden

Situation:
Hinter Ihnen liegt eine unerfreuliche Situation, die Sie noch beschäftigt. Es fällt Ihnen schwer, sich auf Ihren Gesprächspartner zu konzentrieren. Ihr Blick ist in sich gekehrt oder schweift oft ab.

Interpretation:
Wenn Sie den Blickkontakt vermeiden, wirken Sie unglaubwürdig oder als ob Sie etwas verbergen würden. Ihr Gegenüber wird auf mangelndes Selbstbewusstsein oder Desinteresse schließen.

Tipp:
Kaum etwas ist in einem Gespräch wichtiger als ein guter Blickkontakt. Indem Sie Blickkontakt halten, sorgen Sie für eine selbstsichere, interessierte Ausstrahlung.
Bei Gesprächen betonen Sie Aufmerksamkeit und Verständnis. Allerdings sollten Sie es vermeiden, Ihren Gesprächspartner anzustarren. Ein sehr fokussierender Blick wird als aufdringlich und aggressiv empfunden. Schweifen Sie ab und zu ab, um dann erneut Blickkontakt herzustellen.

## 9. Sie »vergessen« zu nicken

Situation:
Sie sind mit den Ausführungen Ihres Gesprächspartners einverstanden und hören interessiert, aber mit unbewegter Miene zu.

Interpretation:
Ihr Gegenüber weiß nicht, ob er Sie mit seinen Ausführungen erreicht bzw. auf gleicher »Wellenlänge« mit Ihnen liegt. Nonverbale Botschaften überzeugen oft mehr als verbale Zustimmungen.

Tipp:
Kopfnicken wird fast überall auf der Welt als ein Zeichen von Ermutigung und Akzeptanz wahrgenommen. Es sagt dem Gegenüber: »Ich höre dir zu, ich bin deiner Meinung.« Nicken Sie hin und wieder.
Achtung: Inflationäres Nicken wirkt unnatürlich und devot. Um Verständnis und Zustimmung auszudrücken, gilt: Weniger ist mehr.

## 10. Nicht Lächeln

Situation:
Ja, es gibt Menschen, die zum Lachen in den Keller gehen. Das hat oft nichts mit ihrem momentanen Gemütszustand zu tun. Sie sind der Meinung, dass das Leben kein Zuckerschlecken ist und wir nicht zum Vergnügen hier sind. Obendrein haben sie Angst, dass ihr Lächeln als Naivität oder als Verlegenheitslächeln gedeutet wird.

Interpretation:
Ihr Gegenüber ist unsicher, ob Sie offen und interessiert kommunizieren bzw. die momentane Situation angenehm finden.

**Tipp:**
Lächeln stellt meist eine Einladung zur Kommunikation dar. Es wirkt wie ein Schlüssel, der verschlossene Seelentüren öffnet.
**Achtung:** Erst wenn das Lächeln die Augen erreicht, lächelt die Seele mit. Freuen Sie sich auf Ihren Gesprächspartner, freut er/sie sich auch.

»Ein Lächeln ist die kürzeste Entfernung
zwischen zwei Menschen.«
*Victor Borge*


Es gibt unzählige Deutungen der Körpersprache, die genauso missverstanden werden können wie verbale Äußerungen. Sie alle sind auch abhängig von unseren Prägungen und unserem Umfeld. Experimentieren Sie, was für Sie »stimmig« ist, welche körpersprachliche Gestik Ihnen entspricht. Vermeiden Sie eine zu detailgetreue Umsetzung allgemeingültiger Lehrbuchformeln und bilden Sie sich Ihre eigene Meinung.


Eine Persönlichkeit hat immer Ecken und Kanten. Everybody's darling is everybody's Depp! Was natürlich nicht eine lebenslange Weiterentwicklung ausschließt.


Spannend ist das Thema Körpersprache auf jeden Fall. Wer hier die Sachlage weiter ausloten möchte, dem empfehle ich die Literaturliste zum Thema am Ende des Buches.

KLARE WORTE

## Kopf hoch, Brust raus!

Körpergewohnheit/Körperausdruck

»Eine gute Positur und Körperhaltung
spiegelt einen klaren Verstand wider.«
*Ueshiba Morihei*

Die gute Nachricht zuerst: Sie können eine überzeugende, selbstbewusste Körperhaltung erreichen! Dafür muss Ihr Körper aus seiner »Komfortzone« gelotst werden. Das gelingt mit einem einfachen Kniff. Ähnlich einer Frischzellenkur aktivieren Sie damit automatisch Ihre Ausstrahlung. Das Zauberwort heißt: »Kopf hoch!«

Schon immer galt ein aufrechter Gang als Zeichen der Würde UND des Selbstbewusstseins. Unsere Emotionen wirken sich auf unsere Körperhaltung aus. Bingo! Zwischen Körpergewohnheit und Körperausdruck bauen wir eine stabile Brücke. Wie das geht? Nehmen wir bewusst eine selbstsichere Körperhaltung ein, fühlen wir uns auch sofort selbstsicher. »Hoppla«, registriert da unser Unterbewusstsein, »meinem Körper geht es gut«. Offen und aufrecht sprüht er nur so vor Vitalität und Selbstbewusstsein. »Wie schön, das werde ich gleich abspeichern.« Geht Ihnen ein Licht auf? Na klar, sobald unser Unterbewusstsein involviert ist, entfällt der »Schauspielereffekt«. Wir spielen nicht Selbstbewusstsein und Kompetenz, wir strahlen sie aus. Wir transportieren dieses Gefühl nach außen.

Das funktioniert allerdings nicht isoliert. Ein gut trainierter, fester Händedruck oder ein »aufgesetzter« Blickkontakt mit innerlicher Schlechtwetterstimmung überzeugt weder mein Gegenüber noch motiviert es das Unterbewusstsein, einen selbstsicheren Standpunkt zu transportieren.

Wie beschreiben Sie Ihr Körpergefühl jetzt und sind Sie sich Ihrer Körperhaltung bewusst? Angenommen Sie fühlen sich klein und schlecht, dann nehmen Sie eine gedrückte Körperhaltung ein. Ist Ihre Körperhaltung offen, stark, voller Spannkraft und trotzdem entspannt, könnten Sie Bäume ausreißen.

### — Ups & Downs (Übungen/Reflexion) —

Ups und Downs gehören zum Leben wie Sonne und Regen. Für Letzteres gibt es Sonnencreme und Regenschirme ... Erfahren Sie jetzt innerhalb einer kleinen Übung, wie Sie sich fühlen und körperlich sichtbar werden.

#### Mutlos-unsicher-befangen (»Verlierer-Haltung«)

Der Himmel ist grau in grau und es regnet seit Tagen. Die Autowerkstatt ruft an und teilt Ihnen die Reparaturkosten mit, die doppelt so hoch sind wie erwartet. Ihr Job ist gefährdet und die Beziehung kriselt.

Stimmen Sie sich mental auf diese Situation ein und gehen Sie ein paar Minuten umher. Wichtig ist, dass Sie sich Ihres mutlosen Zustandes bewusst sind. Übertreiben Sie dabei ruhig ein wenig. Beobachten Sie dabei bewusst Ihre Körperhaltung, Ihren Gang und machen Sie sich Notizen.

Was machen die Arme/Hände?

---

*z. B. energielos, hängend*

Wohin geht der Blick?

---

z. B. keine Motivation, leblos, nach innen gerichtet

Haltung Schulter, Hals, Kopf?

---

z. B. hängend, Schultern nach vorn fallend

Wie ist der Schritt, wie treten Sie auf?

---

z. B. schleppend, langsam

Der Gesichtsausdruck/die Mimik

---

z. B. Mundwinkel nach unten

Haben Sie diesen Zustand verinnerlicht? Jetzt machen Sie in Gedanken von Ihrer Körperhaltung ein Selfie und sagen Sie: »Ich könnte die Welt umarmen ...!« – Die Welt wird sich bedanken.

»Laugh and the world laughs with you, weep and you weep alone.«
*Ella Wheeler Wilcox*

## Positiv-zuversichtlich-optimistisch (Siegerhaltung)

Hinter Ihnen liegen ein Jahr, 7 Tage die Woche Training. Egal bei welchem Wetter, Laufschuhe an und raus. Mit diesem emotionalen Background gehen Sie ein paar Minuten umher. Dabei beobachten Sie:

Was machen die Arme/Hände?

---

*z. B. nach oben*

Wohin geht der Blick?

---

*z. B. geradeaus, sprühend*

Haltung Schulter, Hals, Kopf?

---

*z. B. Schultern nach hinten, Kinn etwas höher als normal, Hals gerade, Kopf nach oben*

Wie ist der Schritt, wie treten Sie auf?

---

*z. B. fest, dynamisch*

Der Gesichtsausdruck/die Mimik?

---

*z. B. offen, lebendig*

Haben Sie diesen Zustand verinnerlicht? Dann sagen Sie jetzt: »Ich könnte die Welt umarmen!« Ja, jetzt ist die Welt sicher bereit, Sie mit offenen Armen zu empfangen.

Machen Sie die Übung ein paar Mal im Wechsel. »Hören« und spüren Sie dabei in sich hinein. Je öfter Sie sich daran erinnern, eine Gewinnerhaltung einzunehmen, umso mehr positive Emotionen werden Sie spüren und abspeichern. Denken Sie daran, es sind Ihre Emotionen, die Ihrem Körper den Ausdruck vermitteln, keine Lehrbuchweisheiten. Dieser Körperausdruck wird zum Fingerprint Ihrer Seele. In dem Moment sind Sie echt, überzeugend und Sie müssen nicht permanent auf Ihre Körpersprache achten.

> Wer sich seiner selbst bewusst ist, der nimmt automatisch eine selbstbewusste Körperhaltung ein. Wer eine selbstbewusste Körperhaltung einnimmt, der fühlt sich auch selbstsicher.

## »Der Nabel der Welt« – Die Bauchnabelregel

»Bitte was, es gibt eine Bauchnabelregel?« So ähnlich habe ich bei der ersten Begegnung reagiert, das Thema als »kurios« abgestempelt und es ins Reich der Mythen verbannt. Bei einer Recherche bin ich aber wiederholt über diese verblüffende Studie gestolpert. Tja, und dann hat es plötzlich *zooom* gemacht. Mein Selbsttest folgte umgehend. Ergebnis: wirksam und sehr leicht anzuwenden. Prädikat: sensationell!

Aber der Reihe nach:

Also: unser aller Bauchnabel ... Er ist unscheinbar und hat scheinbar keine Bedeutung. Doch man möchte es kaum glauben, diese »kleine Fusselgrube« hat es faustdick hinter den Ohren. Am Anfang unseres Lebens ist er im wahrsten Sinne des Wortes der Nabel der Welt. Er ist Nase, Mund und After zugleich. Denn hier befindet sich die Andockstelle der Nabelschnur, der Lebensader des ungeborenen Babys (Fötus), das mit dem Blutkreislauf der Mutter verbunden ist. Nach der Geburt und dem Entfernen der Nabelschnur verwächst der Bauchnabel und verschließt sich. Was bleibt, ist eine kleine, süße, runde Narbe in der Körpermitte. Unvermutet ruhen hier »magische« Kräfte, die unter den Namen »Bauchnabelregel« den Weg in die Kommunikation gefunden haben.

### Bauchnabel mit Intelligenz

Die Bauchnabelintelligenz (BNR) beruht auf Untersuchungen, die in den 1930er Jahren in den USA durchgefuhrt wurden. Der Wissenschaftler W. T. James beobachtete im Rahmen mehrerer Untersuchungen, dass die Position des Bauchnabels innerhalb der Kommunikation ein besonderes Gewicht hat. In den 1960er-Jahren stellte Prof. Dr. Albert Mehrabian fest, dass die Nabelausrichtung eines der wichtigsten Merkmale und ein Sympathieindikator ist. Die Position/Ausrichtung des Bauchnabels offenbart die persönliche Einstellung, das Interesse oder Desinteresse gegenüber einer Person.

Es gibt unterschiedliche Theorien, warum sich unser Bauchnabel wie ein Seismograph instinktiv für oder gegen eine Person entscheidet. Eine für mich nachvollziehbare Theorie besagt, dass der Bauchnabel das Tor zum Leben ist. Von dort aus erfolgt die Versorgung des Fötus. Instinktiv richtet sich später der Nabel auf alles Positive aus und wendet sich von Negativem ab. Probieren Sie es einfach mal aus und achten Sie darauf, wie wir miteinander kommunizieren und Rapport herstellen. Menschen, die diese einfache Bauchnabelregel kennen, haben einen entscheidenden Vorteil.

## Wie setze ich meine Bauchnabelintelligenz ein?

Sind Sie an einem Menschen interessiert, dann achten Sie darauf, ob ihre Nabel miteinander »auf einer Linie sind«. Stellen Sie sich dabei vor, dass von Ihrem Bauchnabel ein Laserstrahl direkt zum Bauchnabel Ihres Gegenübers führt. Entweder Sie richten Ihren Bauchnabel direkt auf den Menschen, dem Sie vertrauen und mögen, oder Sie wenden den Bauchnabel leicht zur Seite, falls Sie keinen Kontakt wünschen und Ihnen die Situation unangenehm ist. Natürlich können Sie auch wahrnehmen, ob Ihr Gegenüber an Ihnen interessiert ist. Was passiert dabei? Sie richten den Bauchnabel auf die Person, der Sie vertrauen, die Sie mögen oder bewundern. Deren Bauchnabelausrichtung zeigt nun deutlich, ob der Kontakt gewünscht ist oder nicht. Wenn Ihr Gesprächspartner sich »mit samt seinem Bauchnabel« abwendet, dann ist meistens etwas nicht in Ordnung.

## Der 7. Sinn

Wie fühlen Sie sich, wenn Ihr Nabel und der Ihres Gegenübers zu- bzw. abgewandt sind? Verändern Sie während eines Gesprächs die Nabelausrichtung und achten Sie darauf:

- Ändert sich Ihre Stimmung?
- Bei welcher Nabelposition fühlen Sie sich zuversichtlich?

- Nimmt Ihr Interesse zu oder ab?
- Wie verhält sich Ihr Gegenüber?

Körpersignale lassen sich nur bis zu einem gewissen Punkt steuern. Kein Mensch kann auf Knopfdruck alle für ihn vermeintlich positiven Körpersignale abrufen, schon gar nicht in Stresssituationen. Hier punktet die Bauchnabelregel, die kinderleicht anzuwenden ist. Einmal verinnerlicht, werden Sie das »Nabelbarometer« nicht mehr missen wollen. Letztlich folgen Sie der Bauchnabelausrichtung schon Ihr ganzes Leben, es war Ihnen nur nicht bewusst!

## Körperausdruck

Was verstehen wir unter »echter« Körpersprache?

> Körpersprache ist immer echt, wenn wir sie nicht kontrollieren, wenn sie von innen kommt.

Das klingt erstmal plausibel, ist jedoch schwer greifbar. Wer oder was bestimmt das »Innen«? Botenstoffe? Die Wechselwirkung zwischen Innen und Außen? Gedanken? Emotionen? Das Wetter? Manche Dinge erschließen sich am besten, wenn Sie in Form einer Geschichte wiedergegeben werden, und folgende Begebenheit zaubert mir beim Erzählen immer ein Lächeln aufs Gesicht. Sie ist Teil meines Erfahrungsschatzes in einem durchaus turbulenten Lebensabschnitt. Anfangs war ich der Meinung, dass eben diese Geschichte nicht zum Thema passt. Aber ich habe mich umentschieden, weil ich davon überzeugt bin, dass innere Ausgeglichenheit, Haltung und Selbstbewusstsein wichtige körpersprachliche Attribute sind, gegen die antrainierte Verhaltensregeln kaum ankommen. Mit anderen Worten: Persönlichkeit und Körperausdruck sind nicht zu trennen. Wie bei einem vertrauten Ehepaar kann keiner ohne den anderen. Die gesamte Mixtur hierfür lautet:

Körperhaltung + Persönlichkeit = Körperausdruck = Präsenz.

Klingt im ersten Anlauf kompliziert, oder? Dachte ich mir, also:

## Story – Teil 1

In einer Orientierungsphase war ich kurzzeitig als Versicherungsvertreter tätig (ich war jung und brauchte ... na, Sie wissen schon.). In diesem Beschäftigungsfeld habe ich schnell zwei Eigenschaften entwickelt: Selbstbewusstsein und Menschenkenntnis. Ohne diese Kompetenz dauern Kundenbesuche nicht lange. Selten wurde ich von Kunden willkommen geheißen, eher als notwendiges Übel geduldet, bei meinem Erscheinen standen die Kunden größtenteils unter Stress. Sie waren der Meinung (oft nicht zu Unrecht), sie müssten auf der Hut sein, damit ihnen nichts Unnötiges aufgeschwatzt wird.

Zu diesem Zeitpunkt hatte ich von der Auslegung körpersprachlicher Eigenheiten überhaupt keinen Schimmer. Als Versicherungsvertreter ging es in erster Linie um »Einwandbehandlung« und zwar so lange, bis der Kunde rhetorisch in die Knie ging und sich geschlagen gab – oder aber den Vertreter rausschmiss! Obwohl die meisten Kunden freundlich waren und sich Mühe gaben, souverän mit der Situation umzugehen, verrieten »zackige« Bewegungen, ein unruhiger Blick und schrille Stimmen, dass sie mich so schnell wie möglich loswerden wollten. Kurz, unter ihrem Mäntelchen aufgesetzter Freundlichkeit und Coolness brodelte es gewaltig. Unser »Säbelzahntigererprobter« Urahn hätte durchaus Parallelen entdeckt. Adrenalin fordert nun mal seinen Tribut. Es ist einfach unmöglich, in einer angespannten Situation alle Gliedmaßen unter Kontrolle zu halten. Das gelingt eventuell, wenn wir, ähnlich einem Schauspieler, die gleiche Situation immer und immer wieder trainieren, indem wir Stimme, Mimik und Körpersprache unserem Willen anpassen. Bei überraschenden Momenten und unvorhersehbaren Begebenheiten funktioniert das jedoch nicht. Hier lässt sich der Körper nicht »zähmen« und spricht kompromisslos seine Sprache. Und die kommt direkt aus der Seele.

### — Kleine Übung —

Reflektieren Sie Ihre Körperhaltung und Ihre Gestik beim nächsten entspannten Kaffeeklatsch mit netten Bekannten. Sie werden registrieren, dass Sie sich in Ihrer »Haut« wohlfühlen. Ihr Körper unterstreicht auf direktem Weg Ihre Gedanken und Gefühle. Sie empfinden auch keinen Grund, mit Hilfe Ihrer Körpersprache etwas vorzugaukeln. In diesem Moment sind Sie ohne Anstrengung im überzeugenden »Glaubwürdigkeitsmodus« – 100 Prozent echt.

## Story – Teil 2

Eines Tages, während einer Akquisetour, verschlug es mich in ein pittoreskes oberbayrisches Dorf. In gewohnter Weise steuerte ich entschlossen auf den erstbesten Bauernhof zu, in der Hoffnung meine Produkte an den Mann bzw. die Frau bringen zu können. Ich lebte – als Ur-Berliner mit der typischen »Kodderschnautze« – erst ein halbes Jahr in Oberbayern. Der bayerische Dialekt war mir noch nicht so geläufig, ebenso ging es den Oberbayern mit meinem »Berlinerisch«. Nichtsdestotrotz stellte ich mich selbstbewusst bei Bauer Kastenmüller vor. Ich startete mit dem erprobten Gesprächseinstieg, die Vorzüge meiner Versicherung zu preisen. Anscheinend fielen meine Ausführungen auf fruchtbaren Boden, denn Bauer Kastenmüller lächelte wohlwollend und antwortete in sattem Dialekt. Super, dachte ich, der Funke ist übergesprungen, der Einstieg gelungen. Unglücklicherweise verstand ich nicht so richtig, was Bauer Kastenmüller erwiderte, so wählte ich meine Antworten hypothetisch. Die waren wohl richtig, denn er setzte das Gespräch stoisch lächelnd fort. Ich verstand aber weiter nur Bahnhof und ahnte, dass ich in einem »Katz- und Mausspiel« gefangen war, wobei die Maus schon feststand.

Kurzentschlossen zog ich die Reißleine und fragte langsam und in gepflegtem Hochdeutsch: »Ist es möglich, dass Sie etwas weniger Dialekt sprechen, damit ich Sie verstehen kann?« Bauer Kastenmüller antwortete wieder lächelnd und überraschenderweise ebenfalls auf Hochdeutsch: »Will ich was von dir oder willst du was von mir!?« Ich musste lachen. Bauer Kastenmüller hatte mich doch glatt auflaufen lassen, allerdings auf eine witzige und durchaus sympathische Art. Nach diesem amüsant-provokanten Exkurs kamen wir sehr gut ins fachliche Gespräch. Es stellte sich heraus, dass hier rundum alles bestens versichert war und meine Policen ergo nicht gebraucht wurden. Nun gut, das ist des Vertreters täglich Brot. Als guter Verlierer verabschiedete ich mich freundlich und fiel dabei gedankenverloren in meinen Berliner Dialekt zurück. Seine Retourkutsche kam sofort: »Wos host g'sogt ...?« Bauer Kastenmüller grinste verschmitzt. Ja, die Welt könnte ein friedliches Dorf sein, mit oder ohne Dialekt.

Was hat mich diese Begegnung gelehrt?

An Bauer Kastenmüller hatte ich einen Narren gefressen. Er war, neben seinen neckischen Spielchen mit mir, so wie er eben war: direkt und bodenständig mit der Tendenz zur Frohnatur. Er wollte weder etwas anderes darstellen noch besser gesehen und bewertet werden. Er war Bauer aus »Hintertupfing«/Oberbayern, der schon einiges im Leben erlebt und bewältigt hatte. Darauf war er stolz – aber nicht überheblich. Es war ihm wichtig, geradeheraus seine Meinung zu sagen. Und bitte schön, wem das nicht passte, der konnte ja gehen. Trotzdem oder gerade deshalb war er mir auf Anhieb sympathisch und letztlich war er aus diesem Grund auch glaubwürdig. Was für die Sprache gilt, gilt auch für die Körpersprache: Überzeugung kommt von der inneren Haltung. Um das zu vermitteln, hatte Bauer Kastenmüller sich noch nie mit den Techniken der Körpersprache beschäftigt. Strapazierte Faustregeln wie: »Jetzt hebe ich mal die Hände in Hüfthöhe, dabei immer schön die Distanzzone einhalten und Kratzen am Kopf geht gar nicht ...« Bauer Kastenmüller? Niemals! Und selbst wenn er davon gewusst hätte, ich glaube, es wäre ihm schnurzpiepegal gewesen. Sein Geheimnis: innere Ausgeglichenheit, Haltung und Selbstbewusstsein! Und das kann man nicht mal eben schnell in einem Seminar lernen.

## Resümee

Ja, es stimmt, der Körper lügt nicht – wir täuschen! Demzufolge sollten wir Körpersprachetipps nicht ganz so ernst nehmen. Was auch heißt, diese kritisch zu hinterfragen. Selbstbewusstsein und Selbstvertrauen, das sind die wahren »Körperdirigenten«. Um ihnen eine solide Bühne zu bieten, lautet die Aufgabe, die eigenen Körpergewohnheiten wahrzunehmen und gegebenenfalls zu korrigieren. Das erfordert eine gehörige Portion Reflexion. Doch es lohnt sich. Der Belohnungsbonus erfolgt umgehend, denn eine Verbesserung des Körperausdrucks bringt auch eine positive Entwicklung der Persönlichkeit mit sich. Und ja, diese Entwicklung »funktioniert« auch umgekehrt.

# 6 SO HABE ICH DAS NICHT GEMEINT!

## Wie Sie überzeugend sagen, was Sie meinen

### Komm auf den Punkt!

Stellen Sie sich Kommunikation als Reise mit ungewissem Ausgang vor. Im Gepäck befinden sich Ihre Ideen, Vorstellungen, Absichten und Vorschläge. Das Reiseziel heißt: Überzeugung. Für die Reise benötigen Sie ein verlässliches Transportmittel. Dafür bietet sich ein Omnibus an. Warum? Omnibus kommt aus dem Lateinischen von »omnis«, das bedeutet »alle« und trifft es doch prima. Der Bus, in dem Sie als Fahrer am Steuer sitzen, heißt »Zuversicht«. Zu Ihren Fahrgästen gehören: mentale Einstellung, Achtsamkeit, Körperhaltung, Körperausdruck, Atmung und Stimme, kurz, die gesamte Palette der »WIE-Merkmale« sitzt im Bus. Ein zweiter, identischer Omnibus, der da heißt »Erwartung«, ist mit demselbem Reiseziel am Start. Wer wird als Erster am Ziel sein? Los geht's.

## KLARE WORTE

Beide Fahrzeuge liegen gleich auf. Die Stimmung ist gut, Fahrer und Gäste sind hochmotiviert. Plötzlich steht eine Anhalterin mit dem Schild »Argumentation« am Straßenrand. Für sie anzuhalten, würde wertvolle Zeit kosten. »Erwartung« fährt zielstrebig weiter. Ihr Bus, »Zuversicht«, hält an und bittet die Anhalterin Argumentation einzusteigen. Ihre Fahrgäste sind sauer, denn der Vorsprung von »Erwartung« ist nunmehr kaum einzuholen. Die Atmung schnauft nervös: »Das wird jetzt stressig.« »Ich bin schon ganz verkrampft«, jammert die Körperhaltung und schaut vorwurfsvoll zur Argumentation. Doch die lächelt entspannt: «Ich weiß eine Abkürzung, wenn wir die fahren, können wir es schaffen.« Gesagt, getan und siehe da, der Omnibus »Zuversicht« erreicht mit Ihnen als Erster das Ziel.

... und noch eine Geschichte.

Meine erste Begegnung mit der Argumentation habe ich total vermasselt. Als Künstler und Speaker bin ich mit Moderation und Präsentation auf der Bühne vertraut. Dabei sind Atmung, Stimme, Körpersprache und der Blickkontakt für mich Routine. Unlängst wurde ich zu einer Podiumsdiskussion eingeladen und erfuhr hier mein Waterloo. Es wurde ein heikles Thema, zu dem ich durchaus meinen Standpunkt hatte, kontrovers diskutiert. Mein Statement wurde freundlich, doch ohne Resonanz zur Kenntnis genommen. Die komplette Talkrunde schien zu denken: »Halt die Klappe.« Nun, zu Recht. Meine Gedanken waren ungeordnet, mir fehlte jegliche Struktur. Mein »Manuskript« setzte sich aus ein paar wahllos vollgekritzelten Zettelchen zusammen und mein erprobtes »WIE-Repertoire« punktete bescheiden. In dieser Diskussionsrunde war ich eine grandiose Fehlbesetzung.

Das hat sich in der Zwischenzeit geändert. Diskussionsrunden machen mir heute richtig Spaß. Ein Ergebnis meiner persönlichen Reflexion, Übung und Erfahrung.

Haben Sie schon einmal ein Meeting erlebt, in dem die Gespräche sich wie Kaugummi zogen? Na klar, sicher haben Sie das. Palaver-Palaver, Rhabarber-Rhabarber. Wäre, könnte, hätte-hätte-Fahrradkette ... Es wird einfach alles zerredet. Diffuse Vorschläge, langatmige Statements und nichts bewegt sich. Super ermüdend, nicht wahr? Also höchste Zeit, andere Wege zu beschreiten.

## Eigentümerversammlung

Herbert ist Eigentümer einer Wohnung. Heute Abend steht die Jahresversammlung der Eigentümer an, in der »die Beschlussfassung zu notwendigen Instandsetzungsarbeiten an der Holzverkleidung im Eingangsbereich des Treppenhauses und deren Finanzierung« diskutiert wird.

Unter den acht Eigentümern herrscht ein entspanntes Du-Verhältnis, was nicht heißt, dass immer alles Friede, Freude, Eierkuchen ist. Herbert ist gegen die Holzverkleidung. Am liebsten würde er sie entfernen lassen und dafür das Treppenhaus mit einem hellen, freundlichen Farbanstrich versehen. Kurz nachdem das Protokoll verlesen wurde, meldet sich Herbert zu Wort:

Herbert: »Was haltet ihr davon, wenn wir die alte Holzverkleidung nicht mehr erneuern, sie entfernen und die Wände hell streichen lassen?«

Bärbel: »Wieso, was hast du gegen die Holzverkleidung?«

Herbert: »Ich finde, das Treppenhaus wirkt dadurch sehr düster.«

Klaus: »Den Eindruck habe ich nicht. Für mich vermittelt die Holzverkleidung ein angenehmes Flair.«

Yvonne: »Und der Aufwand erst, das Rausreißen macht einen Höllendreck!«

Herbert: »Ach, das ist gar nicht so schlimm. Ich kenn' da eine Firma, die macht das ordentlich und ruckzuck.«

Yvonne: »Wie heißt denn die Firma?«

Herbert: »Den Namen der Firma weiß ich jetzt nicht, die Bewertungen im Internet sind aber echt klasse.«

Bärbel: »Wie Bewertungen im Internet ...? Das kannst du vergessen, das sind meistens Fakes!«

Herbert: »Na, ein paar echte Bewertungen werden schon darunter sein.«

Barbara: »Also ich finde, wir sollten die Holzverkleidung mit ein paar peppigen Bildern aufwerten.«

Klaus: »Mein Schwager hat für so was ein super Händchen ...«

Halbzeit.

Ganz klar, Herbert hat sich das Zepter aus der Hand nehmen lassen. Selbst wenn er mit überzeugendem Körperausdruck und attraktiver Stimme gesprochen hätte, die Diskussion wäre nicht viel anders verlaufen.

Wie kann Herbert überzeugen?

Am Start erkennt man den Sieger! Der Einstieg in eine zielführende Diskussion soll Aufmerksamkeit und Interesse wecken. Ein Anliegen mit einer Frage zu starten, ist ein Kardinalfehler: »Was haltet ihr davon, wenn wir die alte Holzverkleidung nicht mehr erneuern, dafür die Wände streichen?« Das war die perfekte »Jeder-gibt-seinen-Senf-dazu-Einladung«. Und schwupps steckte Herbert in der Rechtfertigungsfalle.

> Rechtfertigungen kosten Zeit, Energie und lenken vom eigentlichen Ziel ab.

Darüber hinaus fehlte ihm der rote Faden. Um mit einer Idee, einem Anliegen oder Konzept zu überzeugen, bedarf es einer schlüssigen Strategie. Und genau hier kommt die Argumentation ins Spiel. Schauen Sie sich bitte noch einmal die Debatte an und vergleichen Sie sie mit diesem neuen Diskussionseinstieg.

## Der »rote Argumentationsfaden« für Herbert:

- »Unser Treppenhaus ist alles andere als ein einladender Ort, an dem man sich willkommen fühlt.

- In erster Linie liegt das an der in die Jahre gekommenen Holzverkleidung. Diese lässt den Flur dunkel, ungemütlich und auch kleiner wirken.

- Noch vor wenigen Jahren wurden die Paneele mit Holz- und Pilzschutzmitteln behandelt, die heutzutage als gesundheitsschädigend bekannt sind.

- Aktuelle Untersuchungen der Stiftung Warentest haben nachgewiesen, dass auch nach Jahrzehnten die Holz- und Pilzschutzmittel ausgasen und so die Atemluft belasten.

- Aus diesen Gründen schlage ich vor, dass wir die Holzverkleidung entfernen und das Treppenhaus mit einer hellen freundlichen Farbe versehen. Das ist kostengünstiger, ökologisch, pflegeleicht und gestaltet unser Treppenhaus freundlicher.«

Wumm! Das ist eine geballte Ladung stichhaltiger Argumente. Dieses Statement überzeugt. Kritische Geister werden geradezu mit der Nase in den schlüssigen Kontext gestupst. Kurz, eine prima Steilvorlage, um Vor- und Nachteile zugunsten Herberts abzuwägen.

> Je gezielter die Strategie, desto überzeugter der Gesprächspartner.

Übrigens, ist Ihnen bei dem neuen Einstieg etwas Entscheidendes aufgefallen? Richtig, Herbert hat das Pferd von hinten aufgezäumt. Sein eigentliches Anliegen, die Beseitigung der Treppenverkleidung, hat er zum Schluss angesprochen.

Bei diesem smarten Argumentationseinstieg handelt es sich um die bewährte »5-Satz-Technik«. Marcus Tullius Cicero, ein römischer Politiker, Anwalt, Schriftsteller, Philosoph und Redner (106–43 v. Chr), hat diese Methode erfunden. Ihm ist es damit gelungen, das Volk zu überzeugen und den Senat in die Schranken zu weisen. Die 5-Satz-Technik gibt eine schrittweise Struktur für eine zielführende Argumentation vor. Sie ist darüber hinaus ein sicherer Pfad, sich vor »Verzettelung« zu schützen. Schauen wir uns die Technik an dem oben aufgezeigten Beispiel einmal genauer an. Der Argumentationsvorschlag für Herbert startet mit einer Behauptung:

1. Unser Treppenhaus ist alles andere als ein einladender Ort, an dem man sich willkommen fühlt.

Anschließend folgt das erste Argument:

2. In erster Linie liegt das an der in die Jahre gekommenen Holzverkleidung. Diese lässt den Flur dunkel, ungemütlich und auch kleiner wirken.

*... gefolgt von einem zweiten Argument:*

3. Noch vor wenigen Jahren wurden die Paneele mit Holz- und Pilzschutzmitteln behandelt, die heutzutage als gesundheitsschädigend bekannt sind.

*Das Argument wird mit einem Beispiel untermauert:*

4. Aktuelle Untersuchungen der Stiftung Warentest haben nachgewiesen, dass auch nach Jahrzehnten die Holz- und Pilzschutzmittel ausgasen und so die Atemluft belasten.

*Eine Schlussfolgerung (auch Zwecksatz oder Hauptaussage benannt) beendet die Argumentation:*

5. Aus diesen Gründen schlage ich vor, dass wir die Holzverkleidung entfernen und das Treppenhaus mit einer hellen freundlichen Farbe versehen. Das ist kostengünstiger, ökologisch, pflegeleicht und gestaltet unser Treppenhaus freundlicher.

*Erst jetzt, nachdem Herbert die Hausgemeinschaft auf seine Linie »eingeschwungen« hat, rückt er mit dem eigentlichen Anliegen heraus und lässt die Katze aus dem Sack: die Beseitigung der Holzverkleidung!*

## Die 5-Punkte-Technik im Überblick:

1. Behauptung
2. Argument 1
3. Argument 2 (kann auch ein Beleg sein)
4. Beispiel (kann auch ein 3. Argument sein)
5. Schlussfolgerung

Welche Vorteile bietet Ihnen die 5-Satz-Technik in der Praxis?

1. Sie legen dar, dass Sie sich mit der Thematik auseinandergesetzt haben.
2. Ihre Argumente werden nachvollziehbar und logisch.
3. Sie sprechen zielgerichtet und einprägsam.
4. Sie argumentieren weniger problem-, sondern lösungsorientiert. Mit Lösungen, an denen Sie sich orientieren können.
5. Sie bringen Ihre Botschaft auf den Punkt.
6. Sie zeigen schlüssig die Probleme auf. Das vermittelt ein »Sympathie-Wir-Gefühl« mit der Bereitschaft zur gemeinsamen Lösung.
7. Sind Sie aufgeregt? Dann zählen Sie die 5 Schritte einfach an Ihren 5 Fingern ab. So behalten Sie leicht den roten Faden.

So gehen Sie zielführend vor:

Entsprechend Ihrem Argumentationsziel entwickeln Sie Ihre unterstützenden Argumente.

- Wählen Sie einen markanten Einstieg.
- Begrenzen Sie Ihre Argumentation auf zwei, höchstens drei Argumente.
- Ihr Statement sollte nicht länger als eine Minute dauern.
- Bringen Sie persönliche Vergleiche mit ein.
- Eine bildhafte Sprache fördert die Verständlichkeit.
- Verwenden Sie Fachvokabular nur, wenn es auch verstanden wird.
- Setzen Sie das stärkste Argument am Schluss.

SO HABE ICH DAS NICHT GEMEINT!

Es gibt verschiedene Grundmuster der 5-Satz-Technik. Da wären z. B. die Reihe, die Kette, die Ausklammerung, die Gabel, der Kompromiss, die Dialexe. Sie passen sich den verschiedenen Gesprächssituationen an und unterscheiden sich hauptsächlich in der Argumentation und deren Gliederung. So können Sie z. B. auch Pro- und Contra-Argumente verwenden. Um beim Beispiel der Jahreseigentümerversammlung zu bleiben, würde Herberts erstes Pro-/Contra-Argument dann lauten:

»Ja, zugegeben, die Wandverkleidung vermittelt ein behagliches Flair«, gefolgt von einem Contra-Argument: »Doch sie lässt den Hausflur dunkel, ungemütlich und kleiner wirken.«

So signalisiert Herbert den Diskussionspartnern, dass er anderen Meinungen gegenüber offen ist und dafür Verständnis hat.

### Geht's auch einfacher?

Wenn Sie jetzt vielleicht sagen: »Das klingt alles toll, kann ich auch nachvollziehen und für Rechtsanwälte oder Politiker mag das angehen. Für mich ist die 5-Satz-Technik jedoch zu kompliziert und außerdem vergesse ich das sowieso wieder.« Gut, dann habe ich »Plan B« für Sie:

Sozusagen die »Triple-B-Formel«:

- Behauptung
- Begründung
- Beleg/Beispiel

Kommt Ihnen die Technik bekannt vor? Richtig, mit der Triple-B-Formel wurden Sie bereits in der Schule konfrontiert. Erinnern

Sie sich? Die 3 Bs sind wenig Aufwand mit maximaler Wirkung. Innerhalb des Argumentationsbeispiels von Herbert sieht die Triple-B-Formel folgendermaßen aus:

### Behauptung:

Die Behauptung kann ein Vorschlag, eine Idee oder eine Meinung sein.

»Wir benötigen im Treppenhaus anstelle der alten Holzverkleidung einen frischen Farbanstrich.«

### Begründung:

Begründungen können Sie mit *weil, folglich, wegen* oder *deshalb* einleiten.

»... weil das dunkle Holz den Hausflur ungemütlich, auch kleiner wirken lässt und weil es unangenehm riecht.«

### Beleg/Beispiel:

In der Belegphase können Sie dann etwas mehr ausholen, denn ein Beleg reicht meistens nicht aus. Hilfreich sind immer Zahlen, Fakten oder Vergleiche.

»Untersuchungen der Stiftung Warentest haben gezeigt, dass auch noch nach Jahrzehnten die Holz- und Pilzschutzmittel ausgasen und die Atemluft sowie die Gesundheit belasten. Das wiederum kann Herzrhythmusstörungen, Magen- und Darmkrämpfe, Kopfschmerzen, Migräne, Depressionen, Hautausschläge, Bronchitis, Nervenschmerzen sowie eine plötzliche Benommenheit und Müdigkeit zur Folge haben.«

Im Gegensatz zur 5-Satz-Technik startet die Triple-B-Formel mit dem Anliegen zum Einstieg (Behauptung). Eine Behauptung ist schnell untergebracht. Schwieriger ist es mit der schlüssigen Begründung, die fällt den meisten von uns nicht so schnell ein. Hier kann ein Fragewort nach der Behauptung helfen. Beispiel:

»Wir benötigen im Treppenhaus anstelle der alten Holzverkleidung einen frischen Farbanstrich.«

»Warum benötigen wir im Treppenhaus anstelle der alten Holzverkleidung einen frischen Farbanstrich?«

Die Begründung wird dann mit »Weil« beantwortet. »Weil das dunkle Holz den Treppenflur ungemütlich, kleiner wirken lässt und weil es unangenehm riecht.«

Auch hier gilt, Sie können mehrere Behauptungen und Beweise anführen. Natürlich kann die Triple-B-Formel variiert werden, doch das Basiskonzept bleibt dabei unverändert. Zwei überzeugende Varianten der Triple-B-Formel möchte ich Ihnen noch vorstellen:

### Die Kette

Die »Kette« wird so genannt, weil mehrere Argumente hintereinander angeführt werden. Das setzt voraus, dass Sie genügend überzeugende Argumente parat haben. Der Vorteil liegt darin, dass Sie Ihrem Gegenüber unterschiedliche Sichtweisen vermitteln. Aber Achtung, es sollten, wie auch bei der 5-Satz-Technik, nicht mehr als 3 Argumente sein.

### Die Reihe

Meine bevorzugte »Triple-B-Methode ist die Reihe. Sie ist für mich noch einen Tick überzeugender als die Kette. Die Argumente bauen dabei folgerichtig aufeinander auf. Nehmen wir an, Sie haben drei Argumente, die eine schlüssige Reihe ergeben. So baut sich das zweite logisch auf dem ersten Argument auf. Das dritte

Argument entfaltet sich auf der Basis von Argument Nummer zwei. Lassen wir noch einmal Herbert zu Wort kommen:

Begründung/Argument 1
»Die alte Holzverkleidung lässt das Treppenhaus dunkel, ungemütlich und auch kleiner wirken.«

Begründung/Argument 2
»Dieses Manko mindert den Wert unserer Immobilie.«

Begründung/Argument 3
»Bei einem Wiederverkauf schmälert das die Rendite.«

Die Argumente bauen aufeinander auf und reihen sich aneinander: Los geht's mit der alten Holzverkleidung, die das Treppenaus unattraktiv aussehen lässt, die Attraktivität der Immobilie mindert und so den Wiederverkaufswert schmälert.

7 goldene Regeln für Ihre Argumentation:

1. Analysieren Sie genau die Sachlage.
2. Sammeln Sie Fakten.
3. Je konkreter Sie ein Argument formulieren, umso überzeugender wirken Sie.
4. Je schlüssiger ein Argument ist, je weniger Nachfragen wird es geben. (Was für Sie logisch ist, muss nicht zwangsläufig Ihren Gesprächspartner überzeugen.)
5. Zu viele Argumente bewirken eher weniger als mehr. Es besteht die Gefahr, dass Zuhörer überfordert werden.

6. Argumentieren Sie sachorientiert, verständlich und strukturiert.
7. Sprechen Sie so frei wie möglich.

Zu guter Letzt ...

»Viele Wege führen nach Rom«, sagt ein Sprichwort. Ich möchte es ergänzen mit »aber nur wenige Wege verlaufen direkt, verlässlich und ohne Umwege zum Ziel«. Wenn Sie in einer Verhandlung, einem Mitarbeitergespräch oder im privaten Bereich etwas bewegen möchten, ist es wichtig, dass Sie Ihre Argumente klar und überzeugend benennen können. Mein Anliegen ist es, dass Sie aus der Vielzahl der Möglichkeiten zwei einfache, aber wirksame Techniken schnell zur Hand haben. Zwei bewährte Wege, auf denen Sie sicher »nach Rom kommen«. Testen Sie doch jetzt gleich noch einmal.

## — Argumentationsübung: 5-Satz-Technik —

1. Behauptung
   »Deshalb ist es gut, wenn wir im Sommerurlaub statt ans Meer in die Berge fahren!«
2. Argument 1
3. Argument 2
4. Beispiel (kann auch ein drittes Argument sein)
5. Schlussfolgerung

1. Behauptung
   »Deshalb machen wir 3-mal in der Woche Sport«
2. Argument 1
3. Argument 2

4. Beispiel (kann auch ein drittes Argument sein)
5. Schlussfolgerung

— **Argumentationsübung 1: Triple-B-Formel** —

1. Behauptung
»Immer mehr kleine Bäckereien schließen.«
2. Begründung
3. Beleg/Beispiel

— **Argumentationsübung 2: Triple-B-Formel** —

1. Behauptung
»Die Arbeit von Frauen wird schlechter vergütet als die von Männern.«
2. Begründung
3. Beleg/Beispiel

*(Auflösung am Ende des Kapitels)*

In der täglichen »Kommunikationsrealität« beansprucht die Behauptung bis zu 80 Prozent am Anteil der Argumentation. Dieser hohe Anteil ergibt sich oft durch regelrechte »Behauptungsketten« mit Wiederholungscharakter. Das optimale Verhältnis einer zielführenden Argumentation ist:

5% Behauptung

70% Begründung

25% Beispiel

## Argumentation, Rhetorik: Wo liegen die Unterschiede?

Argumentation und Rhetorik sind zwei eng miteinander verbundene Geschwister, die zur facettenreichen »Kommunikationsfamilie« gehören. Sie ergänzen, unterstützen sich und pflegen feinfühlig ihre Persönlichkeit. Der strukturiertere Bruder, namens Argumentation, ist für den sachlichen Teil der Kommunikation zuständig (siehe 5-Satz-Technik), während Schwesterherz Rhetorik sich den schönen, emotionalen Seiten der Sprache zuwendet. Mit Stimme, Gestik, Mimik und einfühlsamen Metaphern verleiht die Rhetorik dem Gespräch wirksame Überzeugungskraft.

Die Geschichte der Rhetorik beginnt in der griechischen Antike. Der Begriff leitet sich aus dem Altgriechischen ab, was so viel bedeutet wie »Redekunst« oder »Kunst der Beredsamkeit«. Im Laufe der Zeit hat die Rhetorik wechselnde Phasen erlebt. Besonders während der Aufklärung wurde sie an den Pranger gestellt. Ihr Einsatz wurde als zu manipulativ und ablenkend empfunden. Sicher, so gesehen kann auch ein einfaches Küchenmesser als Waffe benutzt werden. Alles eine Frage der Sichtweise! Zu den Gegnern der rhetorischen Kunstlehre gehörte der Dichterfürst J. W. Goethe (1749–1832), für ihn war es eine Schule des Verstellens:

> »Die Rhetorik fördert das Aufwieglertum und ist eine Technik, mit der es dem Redner möglich ist, gewisse äußere Vorteile im bürgerlichen Leben zu erreichen.«

In seiner »Kritik der Urteilskraft« wertete Immanuel Kant (1724–1804) die Rednerkunst als eine Methode ab, sich der Schwächen des Gegners zu bedienen, weshalb sie »gar keiner Achtung würdig sei«.

KLARE WORTE

Selbst der redegewandte Bismarck (1815–1898) war gar stolz darauf, »kein Rhetor« zu sein. Doch ab dem 20. Jahrhundert erfuhr die Rhetorik ein regelrechtes »Revival« und hat ihren Stellenwert kontinuierlich ausgebaut. Sätze wie »Ich bin ein Berliner« von J. F. Kennedy (1917–1963) oder »I have a dream« von Martin Luther King (1929–1968) sind rhetorische Bravourstücke und haben sich in das historische Gedächtnis mehrerer Generationen eingebrannt.

Zusammengefasst kann man sagen, die Argumentation braucht die Rhetorik und die Rhetorik braucht die Argumentation. Doch das Gleichgewicht muss stimmen. Zu viel Argumentation überfordert die Zuhörer. Überwiegt die Rhetorik, wirkt die Rede gekünstelt und leer. Die Kunst liegt also darin, beide »Geschwister« in Einklang zu bringen.

## Ich – einfach genial!

Denken Sie jetzt: »Uh, ganz schön dick aufgetragen!?« Nein, das soll keine Lobhudelei über mich sein, sondern eine Referenz an die »Ich-Botschaft«. Für diejenigen, die noch nie etwas davon gehört haben, ein Auszug aus Wikipedia:

> »Mit Ich-Botschaften sind in kommunikations-psychologischen Theorien persönliche Äußerungen im Sinne einer ›Selbstoffenbarung‹ gemeint, die die eigenen Meinungen und die Gefühle des Sprechers mitteilen«.

Na, da bekommt man so richtig Lust, diese Definition ins Portfolio aufzunehmen, oder …? Für mich blieb die Sachlage selbst nach dem dritten Mal Lesen undurchsichtig.

Überhaupt, ich schlich um das Thema wie die Katze um den heißen Brei. Immer mit der vagen Vermutung und dem schlechten Gewissen, dass »Ich-Botschaften« wahre Wunder bewirken und zum Einmaleins in der Kommunikation gehören. Mag ja sein, aber vor der Anwendung grauste es mir. Zu kompliziert, irgendwie an den Haaren herbeigezogen, Verschleierungstaktik, kaschierte Unsicherheit – ich konnte mich damit einfach nicht identifizieren und fand genügend Argumente, die Ich-Botschaft in meinen Seminaren gar nicht oder nur halbherzig anzusprechen. Ich war davon einfach nicht überzeugt. Punkt! Alles braucht seine Zeit. Die Offenbarung kam eines Tages in Person des Geschäftsführers eines mittelständischen Unternehmens. Ich will ihn hier Klaus nennen. Klaus hatte die Gabe, nahezu jegliche Konfrontation gegen die Wand zu fahren. »Er sei eben zu ehrlich«, erklärte er, »und obendrein von Mimosen umgeben.« Ich fragte ihn, wie er denn seine »Ehrlichkeit« an seine Mitarbeiter vermittle. »Nach allen Regeln der Kunst«, erklärte Klaus. »Sie wissen ja, Ich-Botschaften und so weiter …« »Hm«, entgegnete ich und bat ihn, mir ein Beispiel zu nennen. Klaus Augen wurden schmal. »Bestes Beispiel, meine Vertriebsleiterin, Frau Schichter. Sie hat sich super verkauft, nun stellt sich jedoch heraus, dass sie mit diesem Job einfach überfordert ist. Sie tut aber so, als ob sie alles im Griff hätte.« »Und da sind Sie explodiert«, folgerte ich. »Wo denken Sie hin«, protestierte Klaus. »Geradezu höflich sagte ich: 'Ich habe den Eindruck, Frau Schichter, dass Sie mit Ihrer Aufgabe überfordert sind.' Also, eine klassische Ich-Botschaft. Hat aber nichts genutzt. Na ja,« winkte er resigniert ab, »Sie kennen ja diese Heulanfälle.«

Bravo! Ein empathisches Meisterstück! Klaus hat zwar seine Botschaft mit »ich« begonnen – »Ich habe den Eindruck …« –, aber das war es dann auch schon. Der zweite Teil – »… dass Sie mit Ihrer Aufgabe überfordert sind« – spiegelte eine beinharte Du/Sie-Botschaft wider. Klaus hatte die Vertriebsleiterin provoziert und ihr mangelnde Kompetenz unterstellt. Damit war die Tür zu einer gemeinsamen Basis krachend ins Schloss gefallen. Davon abgesehen war für Klaus die Sachlage eindeutig: Die Vertriebsleiterin ist eine Mimose und Ich-Botschaften funktionieren nicht. Also lieber Coach, bitte mach was.

Danke, Klaus, das ist der »Ich-Anschubser«, den ich für die Thematik gebraucht habe. Der Appetit kommt bekanntermaßen beim Essen. Der Braten stand frisch auf dem Tisch, ich musste nur das Besteck in die Hand nehmen und loslegen. Ich-Botschaften – ich komme!

## Was sind wirkungsvolle Ich-Botschaften?

Für eine waschechte Ich-Botschaft sind Ihre Gefühle, Bedürfnisse, Eindrücke und Gedanken entscheidend. Wenn Sie es schaffen auszudrücken, was in Ihnen vorgeht, ohne Ihrem Gegenüber eine Verantwortung zuzuschieben, ihn weder zu verurteilen noch zu beschuldigen – dann sind Sie auf der Überholspur. So erreicht Ihre Botschaft den Empfänger, ohne verletzend oder angreifend zu sein. Die Herausforderung dabei ist, sich der eigenen Gefühle und Bedürfnisse bewusst zu sein. Was triggert Ihr Gegenüber bei Ihnen an? Welche Ängste und Gefühle kommen zum Vorschein? Negative Gefühle haben oft tieferliegende, unbewusste Ursachen. Sie entstehen, weil Ihre Bedürfnisse nicht erfüllt sind. Verhält sich Ihr Gegenüber nicht erwartungsgemäß, triggert er auch Ihre Bedürfnisdefizite an. Aber erst wenn Ihnen das bewusst ist, können Sie auch darüber sprechen.

## Die vier Pluspunkte der Ich-Botschaft:

1. Ihr Gegenüber fühlt sich nicht angegriffen und muss sich daher auch nicht verteidigen.

2. Sie sprechen über Ihre tatsächlichen Bedürfnisse und Gefühle. Ihr Gegenüber kann Ihre Beweggründe besser einordnen und verstehen.
3. Es geht nicht darum, wer Schuld oder Recht hat, sondern wie man gemeinsam eine Lösung findet.
4. Es wird ein Vertrauensverhältnis aufgebaut.

### Kleiner »Ich-Leitfaden« in vier Schritten:

Nochmal zur Erinnerung: Die »Ich«-Botschaft von Klaus lautete: »Ich habe den Eindruck, Frau Schichter, dass Sie mit Ihrer Aufgabe überfordert sind.«

Besser wäre Klaus mit dieser Kommunikation gefahren:

### 1. Schritt – konkrete Beschreibung der Beobachtung

»Wenn ich sehe, wie Sie sich mit dem Aufbau der Vertriebsstruktur abmühen ...« (Wichtig dabei ist es, zwischen Beobachtung und Bewertung klar zu trennen. Jetzt beobachtet Klaus und bewertet nicht.)

### 2. Schritt – Beschreibung der eigenen Gefühle

»... bin ich besorgt, dass es hier über kurz oder lang zu Betreuungsengpässen bei den Kunden kommen wird.«

Achten Sie darauf, dass Ihre Gefühle wahrhaftig artikuliert werden, vermeiden Sie dabei negative Wertungen wie: Ich bin unsicher, irritiert, frustriert, verärgert ... Diese Formulierungen setzen Ihren Gesprächspartner unter Druck, der meistens in »Gegendruck« umgewandelt wird.

### 3. Schritt – eigene Bedürfnisse ausdrücken

»Ich benötige die Gewissheit, dass alle unsere Kunden regelmäßig besucht und über Neuheiten informiert werden.«

### 4. Schritt – eine Bitte formulieren

»Ich bitte Sie daher, mir offen zu sagen, ob sich Serviceprobleme abzeichnen, damit wir rechtzeitig Maßnahmen ergreifen können.«

Je nach Situation kann zusätzlich eine abschließende Frage gestellt werden, z. B.:

Sind Sie damit einverstanden?

Geht das für Sie in Ordnung?

Haben Sie einen Vorschlag, wie wir das sicherstellen können?

Die ganze Botschaft im Kontext:

- »Wenn ich sehe, wie Sie sich mit dem Aufbau der Vertriebsstruktur abmühen, bin ich besorgt, dass es hier über kurz oder lang zu Engpässen im Besuchsrhythmus bei den Kunden kommt.
- Ich benötige die Gewissheit, dass alle unsere Kunden regelmäßig besucht werden und über Neuheiten informiert werden.
- Ich bitte Sie daher, mir offen zu sagen, ob sich Serviceprobleme abzeichnen, damit wir rechtzeitig Maßnahmen ergreifen können.
- Sind Sie damit einverstanden?«

Nun, das hört sich schon um einiges überzeugender an und – haben Sie DEN »erfolgversprechenden Zugangscode« für eine gemeinsame Basis entdeckt? Richtig! Klaus lässt Frau Schichter an seinen subjektiven Wahrnehmungen und Gefühlen teilhaben. (Die Selbstoffenbarung ermöglicht es, Gefühle auf die Sachebene zu heben.) So entsteht erst gar keine Abgrenzung, sondern er gibt Frau Schichter die Möglichkeit, die Problematik zu erkennen und sich zu öffnen. Vordem hatte Klaus die Vertriebsleiterin provoziert und ihr mangelnde Kompetenz unterstellt.

Warum verwenden wir viel häufiger Du-Botschaften?

Die naheliegende Antwort lautet: weil wir oft im Affekt reagieren und sprechen, ohne groß darüber nachzudenken, was und wie wir es sagen. »Du hast ... du bist ... du musst ... du sollst ...«, purzeln wie das Einmaleins aus unserem Mund. Dabei fehlt die direkte Verbindung zu den Bedürfnissen des »Senders«.

Aber es kommt natürlich auch auf die Situation an. Ich gebe offen zu, nimmt mir jemand im Verkehr die Vorfahrt, kommt »Sie Vollidiot!« geschmeidiger von meinen Lippen als: »Wenn ich sehe, wie Sie fahren, dann habe ich Angst, im Krankenhaus zu landen. Ich muss mich auf der Straße sicher fühlen. Bitte fahren Sie achtsamer.« So »gedopt« kann ich gar nicht sein, um mich in einer »Er-hat-mir-die-Vorfahrt-genommen-Situation« derart engelhaft unter Kontrolle zu haben. Bestenfalls Buddha würde man so viel Selbstkontrolle abnehmen.

## Unterschiede Ich-/Du-Botschaften

### Ich-Botschaft:

- Erfordert Mut, Selbstachtsamkeit und die Gewissheit, sich seiner Gefühle bewusst zu sein und mit ihnen auch sorgsam umzugehen.

- Schafft Nähe und Vertrautheit.
- Erfordert etwas Übung und Erfahrung, um natürlich sowie zielführend zu sein.

Du-Botschaft:

- Ist eher spontan, direkt und für den Sender in gewisser Weise »befreiend«. Dabei kann sie verletzend sein und Distanz schaffen, da sie die Gefühle und Sichtweise des Empfängers nicht berücksichtigt.
- Die Du-Botschaft ist ein bevorzugtes Medium für Egos, die die Wahrheit gepachtet haben.

## False friends – verdeckte Du-Botschaften

Um weniger konfrontierend zu wirken, werden Du-Botschaften gern als Ich-Botschaften kaschiert. Die Ansage von Klaus – »Frau Schichter, ich bin der Meinung, dass Sie mit dieser Aufgabe überfordert sind« – ist eine solche (in dem Fall unbewusste) Tarnung. »Ich bin der Meinung ...« ist keine Gefühlsaussage, sondern eine Feststellung.

Kennen Sie Menschen, die ständig von sich erzählen?
»Ich habe das und das ...« »Ich will dieses oder jenes ...«, Ich finde, dass du ...« Ich, ich, ich ...!
Wer ausschließlich von sich selbst erzählt, ohne den anderen Menschen mit einzubeziehen, ist selbstbezogen und an echten Gefühlen nicht interessiert. Die Aufforderung »Wir sollten mehr arbeiten ...« kommt als raffinierte Undercover-Ich-Botschaft daher und heißt übersetzt: »Du könntest etwas mehr arbeiten.« Achten Sie auf die »Wir«/»Man«-Formulierungen.

### Tipp:

Vermeiden Sie in diesem Kontext abschwächende Formulierungen, wie zum Beispiel »bisschen und wenig«. »Ich bin ein bisschen besorgt ...« Oder: »Ich bin ein wenig irritiert ...« Das verwässert Ihre Botschaft und wirkt selten überzeugend. Unbestimmte Begriffe wie »ständig« oder »immer« sind Unterstellungen. Mit der Botschaft »Ständig gibst du Geld aus!« werfen Sie Ihrem Gegenüber vor, nicht mit Geld umgehen zu können und greifen es somit an. Der unbestimmte Ausdruck »ständig« drückt latent eine generelle Bewertung aus, keine Beobachtung.

### Resümee

Sicher, die Ich-Botschaften sind keine allmächtigen Heilsbringer, doch wenn es um heikle, konfliktträchtige Situationen geht und die Lunte bereits zündelt, dann sind Ich-Botschaften das Mittel der Wahl. Mittlerweile bin ich ein beständiger Freund (Klaus kann das bestätigen ...;-) der »Ich-Botschaft« geworden. Jedoch, der Schuss kann auch nach hinten losgehen. Sind Sie sich Ihrer wahren Gefühle und Bedürfnisse nicht bewusst, kann die Ich-Botschaft das Gegenteil bewirken. Sie ernten, was Sie auf keinen Fall beabsichtigt haben: Sie wirken nicht glaubhaft. Sich seiner wahren Gefühle und Bedürfnisse bewusst zu sein (s. Kapitel 2), das klar und sachlich zu transportieren, ist der Schlüssel für eine zielführende Ich-Botschaft.

Genau das ist auch der Knackpunkt, warum wir bei verbalen Angriffen unserem Autopiloten folgen und mit Du-Botschaften reagieren: »Verschwinden Sie!«, »Mensch, kannst du nicht aufpassen!« Oder: »Du kannst mich mal!« All das übersetzt das Unterbewusstsein als Gefahr und antwortet mit dem Flucht-Angriffs-Modus. Hier zählt nur der direkte, der schnellste Weg. In diesem Moment über Gefühle nachzuforschen, ist für das Bewusstsein purer Luxus.

Auch Kleinkinder springen auf eine Ich-Botschaft nicht wirklich an. Ein behutsames »Wenn ich sehe, wie dir langsam die Augen zufallen, bin ich besorgt, dass du morgen nicht ausgeschlafen bist. Ich wünsche mir, dass du sagst, warum du nicht ins Bett möchtest. Ich bitte dich, dass du ab morgen um Punkt 19.00 Uhr in dein Bett gehst. Oder hast du einen anderen Vorschlag?« wird mit erstaunten Kulleraugen quittiert. Falls Sie auf große Kulleraugen aus sind, dann haben Sie Ihr Ziel erreicht. Andernfalls ist ein freundlich-bestimmtes »Jetzt gehst du ins Bett!« die überzeugendere Botschaft.

Und noch etwas. Auch die beste Ich-Botschaft bleibt wirkungslos, sobald Ihr Gegenüber keinen Standpunkt beziehen möchte und sich mit einem lapidaren »Das ist mir überhaupt nicht bewusst ...« aus der Verantwortung zieht. Meine Hypothese: Zu 99 Prozent ist es dem Gesprächspartner bewusst. Hier hilft nur, ihn direkt auf die fragliche Situation anzusprechen. Im Nachhinein wird er nicht verstehen (wollen), was Sie von ihm möchten. Also, alles zu seiner Zeit und im Kontext. Und denken Sie daran, auch Ich-Botschaften wollen geübt sein!

## — ICH/DU-Übung —

Wandeln Sie eine Du-Botschaft in eine Ich-Botschaft um:

Du-Botschaft:
»Man muss Ihnen offensichtlich alles zweimal erklären!«

1. Konkrete Beschreibung der Situation

_____

2. Beschreibung der eigenen Gefühle

_____

3. Eigene Bedürfnisse ausdrücken

_____

4. Eine Bitte formulieren

_____

Du-Botschaft:
»Du hast mich weder angerufen noch eine Mail geschickt!«

1. Konkrete Beschreibung der Situation

_____

2. Beschreibung der eigenen Gefühle

_____

3. Eigene Bedürfnisse ausdrücken

_____

4. Eine Bitte formulieren

_____

*(Auflösung am Ende des Kapitels)*

## Schlag und fertig?!

Schlagfertig, dieses Wort verspricht einiges. Ein Schlag und er, sie, es sind mit der lästigen Situation fertig.

KLARE WORTE

Genial, das wird nur noch vom tapferen Schneiderlein in Grimms Märchen getoppt. »Sieben auf einen Streich« hieß seine einschüchternde Maxime. Das tapfere Schneiderlein erledigte nicht nur sieben Fliegen mit einem Handstreich, darüber hinaus manövrierte es sich erfolgreich mit Witz und Humor durch manch brenzlige Situation. Und damit haben wir schon einmal eine wichtige Säule der Schlagfertigkeit: Humor. Fertig sind wir dann allerdings noch lange nicht. Im Wort »Schlagfertigkeit« steckt auch das Wort »schlagen«. Das kommt angriffslustig daher und könnte Abwehr provozieren, und wenn man keine Mimose ist, heißt das, sich wehren und zurückschlagen. Vielleicht ist auch »eine Brücke schlagen« gemeint? Das wäre dann die verträglichere Absicht, die mir weit besser gefallen würde. Wie dem auch sei, wir haben die Wahl: Schlagabtausch oder einander die Hand reichen.

## Was ist Schlagfertigkeit überhaupt?

Wikipedia meint dazu: »Als Schlagfertigkeit bezeichnet man eine schnelle und entwaffnende Reaktion auf sprachliche Angriffe. Sie verrät Intelligenz und Geistesgegenwart.« Bis auf Intelligenz und Geistesgegenwart (also nur was für Schlaue?!) geht es auch hier recht militant zu. Ich verbinde mit Schlagfertigkeit friedlichere Bedeutungen wie: Eloquenz, Witz, Redegewandtheit und Mutterwitz, der mir besonders gefällt. Im Englischen wird »quick-wittet« (geistesgegenwärtig) für schlagfertig eingesetzt. Gut, ich möchte hier nicht mit Spitzfindigkeiten langweilen, sondern nur meine zwiespältigen Gefühle darstellen, was die Definition angeht.

Die Fähigkeit, auf Bemerkungen von Gesprächspartnern humorvoll, intelligent und überzeugend zu reagieren, hat mich schon immer begeistert. Was folgte, waren Seminare und Bücher, um dem Geheimnis »schlagfertiger Menschen« auf die Spur zu kommen.

Das Geheimnis ist, dass es kein Geheimnis gibt. Ja, es existieren Naturtalente, die lässig und scheinbar ohne Anstrengungen kontern können. Ich denke da an wortgewaltige Politiker wie Otto von Bismarck, Winston Churchill, Herbert Wehner oder Franz Josef Strauß oder auch leichtfüßige Entertainer wie Thomas Gottschalk oder Stefan Raab. Ein Blick hinter die »Schlagfertigkeitskulissen« zeigt jedoch, dass neben Talent auch Kinderstube, soziales Umfeld sowie die Bereitschaft, jeden Wortwitz aufzusaugen, abzuwandeln und dann entsprechend einzusetzen, entscheidende Voraussetzungen schlagfertiger Menschen sind.

## Was möchten wir mit Schlagfertigkeit erreichen?

Wir möchten bei Verbalattacken ganz einfach verhindern, dass es uns die Sprache verschlägt, und wir wollen mit einem spontanflexiblen Konter die heikle Situation entschärfen. So können wir peinlichem Schweigen einfach den Boden entziehen und ein boshaftes Gegenüber in seine Schranken verweisen. Mark Twain sagte treffend:

»Schlagfertigkeit ist etwas, worauf du erst 24 Stunden später kommst.«

Ja – und genau das ist der Pferdefuß: Der Konter muss uns rasch einfallen, idealerweise innerhalb von drei Sekunden. »Zack« – wie ein nasser Guss aus heiterem Himmel. Minuten später will keiner mehr eine schlagfertige Antwort hören. Der Zug ist dann abgefahren und es wird keinen zweiten Zug geben.

Doch nach einer unerwarteten Verbalattacke, wie z. B. »Also, wie naiv sind Sie überhaupt?«, müssen wir erst mal nach Luft schnappen. Dieser Angriff versetzt uns augenblicklich in Stress mit all den bekannten Anzeichen wie der »Defensiv-Schrecksekunden-Starre«. Hier beginnt die eigentliche Herausforderung, die es souverän und selbstsicher zu überbrücken gilt. Die gute Nachricht für Sie: Mit Selbstvertrauen, Fleiß und Training können Sie Ihr Schlagfertigkeitsspektrum erweitern. Und sicher ahnen Sie es schon: Dahinter verbirgt sich eine Methode, aufbauend auf drei Säulen.

## Die drei Säulen der Schlagfertigkeit

### Säule Nr. 1 – Humor

Humor ist der charmante Joker. Anstatt den Angriff persönlich zu nehmen, wird mit einer Prise Leichtigkeit und Selbstironie gekontert. Das bewahrt die Grenzen der Höflichkeit und entspannt prekäre Situationen. Situationsgebundene Schlagfertigkeit hat weniger mit rhetorischen Qualitäten zu tun als mit einer positiven Einstellung zum Leben und einer extra Portion Begabung.

### Säule Nr. 2 – innere Haltung

Das ist unsere lebenslange Baustelle: Mut zum Standpunkt und es nicht allen recht machen zu wollen. Dazu gehört unausweichlich, eigene Stärken und Schwächen zu kennen, sich selbst wertzuschätzen und selbst zu vertrauen. So stehen Sie geradlinig dazu, was Sie meinen und sagen. Was andere dann daraus machen, ist deren Bier! Essenziell sind Mut zur Opposition und Gelassenheit in der Anwendung.

### Säule Nr. 3 – ein großer, aktiver Wortschatz

Jedes Veto lebt vom cleveren Sprachspiel und einem sicheren Sprachgefühl. Je umfangreicher Ihr Wortschatz, umso besser können Sie sich ausdrücken.

### Der feine Unterschied

Rhetorische Kniffe, taktische Konter zu kennen, ist die eine Sache. Eine andere ist, sie situationsgerecht bzw. kontextbezogen einzusetzen. Was der eine schmunzelnd und locker wegsteckt, bedeutet für den anderen den Weltuntergang. Menschen sind verschieden und soziale Hierarchien sind zu beachten. Dem Chef begegnen Sie anders als guten Bekannten am Stammtisch oder dem hartnäckigen Vertreter.

> Ihren Gesprächspartner gut einschätzen zu können, ist schon mal die halbe Miete.

## Die drei Schlagfertigkeitsstrategien

1. Humorstrategie
2. Abwehrstrategie
3. Sachebenenstrategie

### Humorstrategie

Es gibt viele Formen des Humors, wie zum Beispiel Ironie, Zynismus, Spott, Sarkasmus und Witz. Eines haben sie jedoch alle gemeinsam: das blitzschnelle vom »Hölzchen aufs Stöckchen kommen«. Die überraschende Pointe und der leichtfüßige Wortwitz sind Begabungen, die uns in die Wiege gelegt werden und die man sich nicht so einfach herbeibeschwören kann. Wenn uns schlagfertige Pointen wie Perlen entgegenfallen, heißt es, mit Humor zu parlieren, noch einen draufzusetzen oder elegant zu schweigen.

## KLARE WORTE

### Meine »big five« schlagfertiger Antworten:

Henry Ford (1863–1947) stieg in einem noblen Chicagoer Hotel ab. An der Rezeption verlangte er das billigste Zimmer. Der Rezeptionist vernahm das erstaunt, hielt inne und sagte nach kurzem Zögern: «Sir, ich hätte da eine Frage, wenn Sie gestatten.« »Bitte?«, erwiderte Ford. «Sie haben um das billigste Zimmer gebeten. Wenn Ihr Sohn bei uns absteigt, nimmt er aber immer die teuerste Suite.« «Das ist auch kein Wunder«, erklärte Henry Ford, »der hat ja auch einen reichen Vater. Ich nicht.«

Bei einem Empfang steigt Eduard VIII. (1894–1972) die Treppe hinauf. Als ihm ein unüberhörbarer Leibwind entweicht, zischt die hinter ihm gehende Herzogin: »Das ist mir ja noch nie passiert.« Darauf Eduard VIII. erstaunt: »Wirklich? Ich hätte wetten können, dass der von mir war.«

Georg Bernhard Shaw (1856–1950) wurde während einer Vernissage auf seine schlanke Figur angesprochen: »Georg, wenn man dich so ansieht, könnte man denken, die Welt müsse Hunger leiden.« Darauf hin G. B. Shaw: »Und wenn man dich so ansieht, könnte man denken, du seiest schuld daran.«

Während einer kontroversen Unterhaltung mit Winston Churchill (1874–1965) platzte Lady Astor unvermittelt der Kragen. Wütend schmetterte sie ihm entgegen: »Wenn ich Ihre Frau wäre, würde ich Ihnen Gift geben.« Der so Attackierte erwiderte trocken: »Wenn ich Ihr Mann wäre, würde ich es nehmen.«

Und ganz kurz:

»Du bist das Letzte!« – »Stimmt. Das Beste kommt immer zum Schluss.«

Die Dialoge »meiner big five« mögen unterschiedliche Reaktionen auslösen – witzig sind sie allemal. Sie verletzen ihre Gesprächspartner nicht und sorgen eher für allgemeine Heiterkeit. Super! Jetzt mal Hand aufs Herz, wäre Ihnen spontan eine dieser Pointen eingefallen? Mir jedenfalls nicht. Und wenn, käme es einem Lottogewinn gleich. Ein Zufallsprodukt, das sich nicht bitten lässt.

Dennoch lässt sich der Zufall mit etwas Kommunikationsgeschick planen und gestalten. Meister der »zufälligen Pointen« war der prominente Politiker Franz Josef Strauß (1915–1988), der als besonders schlagfertiger Parteiführer berühmt und berüchtigt war. Vor wichtigen Auftritten wollte er dann allerdings doch nicht alles dem Zufall und seiner Intuition überlassen. Als Politprofi konnte er sich vorausschauend gut ausmalen, mit welchen Einwänden man ihn konfrontieren würde, und dementsprechend legte er sich originelle Erwiderungen zurecht. Zum Beispiel war ihm in einem Interview klar, dass ihn die Reporter auf seine aggressive »Ostpolitik« ansprechen würden. Darauf parlierte er eloquent: »Ich bin lieber ein kalter Krieger als ein warmer Bruder.« Diese Form der geplanten »Schlagfertigkeit« ist noch steigerungsfähig. Es gibt Referenten, die im Publikum »bezahlte« Kontrahenten platzieren. Diese überraschen den Redner während der Präsentation scharfzüngig, um dann wiederum mit einem geschickten »Show-Konter« vom Referenten in die Schranken verwiesen zu werden. Natürlich ist es gewollt, dass diese »Show-Schlagfertigkeit« mit Bewunderung vom Publikum quittiert wird.

Dazu eine Übung ...

Übung ...? Wie jetzt: Es hieß doch, pfiffige Konter, Pointen gelingen nur den Naturtalenten. Gewiss. Dennoch gibt es einige Optionen, sich den Schlagfertigkeitsgöttern anzunähern. Die Schritte dazu heißen:

KLARE WORTE

### 1. Assoziationsketten

Assoziationen sind spontane Gedankenverbindungen, die Ihnen ohne große Anstrengung einfallen. Der Fokus liegt dabei auf der Spontaneität, denn Humor basiert auf Überraschungen, ohne langes Nachdenken.

— **Übung: Assoziationsketten** —

Idealerweise machen Sie diese Übung mit Freunden oder nehmen sich mit dem Diktiergerät auf. Schlagen Sie ein Buch oder ein Magazin auf, tippen Sie auf ein beliebiges Wort und schauen Sie es sich kurz an. Jetzt referieren Sie darüber 30-60 Sekunden – alles, was Ihnen dazu einfällt.

Beispiel:
Sie tippen zufällig auf das Wort »Jahre«. Ohne lange zu überlegen, assoziieren Sie: »Über die Jahre habe ich eine hübsche Summe Geld gespart, womit ich eine Eigentumswohnung anzahlen werde. Im Alter spare ich mir dann die Miete.« Punkt. So haben Sie kurz und prägnant assoziiert. Jetzt tippen Sie auf das nächste Wort – und so weiter ...

Noch besser geht das innerhalb einer Gruppe. Die Gruppe bildet einen Kreis. Eine Person nennt einen Begriff und die nächste Person nennt so schnell wie möglich, ohne großartig zu überlegen, die entsprechende Assoziation dazu:

Beispiel:
1. Person: **Biene**
2. Person: **Stachel**

3. Person: Blume

4. Person: Garten ...

etc.

Sie können auch den letzten Buchstaben für das nächste Wort verwenden.

Beispiel:

1. Person: Biene

2. Person: Engel

3. Person: Liebe

4. Person: Esel ...

etc.

Die Krönung ist dann die blitzschnelle Assoziation eines neuen Satzes, der aufbauend auf dem Endwort des vorhergehenden Satzes gebildet wird. Dabei entstehen witzige »Nonsens Storys«, die neben der gelungenen Assoziation auch noch Spaß machen.

Beispiel:

1. Person – Eine Biene fliegt traurig durch die Vorstadtgärten.

2. Person – Vorstadtgärten sind für Bienen lebensnotwendig.

3. Person – Lebensnotwendig, denn dort wachsen viele schöne Blumen.

4. Person – Blumen machen dieses Jahr blau.

5. Person – Blau ist ein Zustand und bringt Ärger ...

Mit diesen Übungen entwickeln Sie ein ausgeprägtes Assoziationsvermögen. Dinge, Situationen, Begriffe sind nicht mehr voneinander getrennt, sondern verbunden. Dadurch gelingt es Ihnen, blitzschnell vom »Hölzchen auf's Stöckchen« zu kommen und um die Ecke zu denken.

## 2. Abwehr-Strategie

»Ob ein Mensch klug ist, erkennt man viel besser an seinen Fragen als an seinen Antworten.«
*Francois G. de Levis*

Angenommen, Sie werden unvermittelt mit einem Vorwurf, einer provokanten Frage oder abfälligen Bemerkung konfrontiert. Sie reagieren im »Antwortreflex« und dann schnappt die Falle zu. Schwuppdiwupp und schon sind Sie in der Rolle des Verteidigers. Das könnte sich in etwa so abspielen:

### Vorwurf/Angriff:
»Das klappt bei Ihnen vorn und hinten nicht!«

### Rechtfertigung/Verteidigung:
»Aber ich habe wirklich alles versucht ...«

»Vorige Woche wäre das besser gelaufen ...«

»Das stimmt überhaupt nicht!«

»Wenn der/die nicht dabei gewesen wäre, hätte es funktioniert.«

Mit Rechtfertigung, Schuldzuweisung, Ablehnung stehen Sie auf verlorenem Posten. Damit verstricken Sie sich immer tiefer in die Verteidigungs-, Angriffs- oder Opferrolle. Was Sie brauchen, ist ein pfiffiger Assistent, der mit kurzem Klick Ihr Schema ändert.

Vom Verteidiger zum Gesprächslenker!

Die gute Nachricht: Sie haben diesen pfiffigen Assistenten immer bei sich. Er oder besser »sie« ist so simpel, dass wir ihre Macht oft vergessen. Es ist ... ganz einfach: die Frage! Eine Frage können Sie Ihrem Gegenüber immer stellen, und egal wie unangenehm die Bemerkung war, Sie reagieren damit souverän.
Die gleiche Situation noch einmal:

Vorwurf/Angriff:
»Das klappt bei Ihnen vorn und hinten nicht!«

Antwort/Frage:
»Was verstehen Sie unter vorn und hinten nicht?«

Zack! Jetzt haben Sie den Ball zurückgespielt. Jetzt ist Ihr Gegenüber gefordert, den Nachweis für diese Behauptung zu erbringen, und Sie haben Zeit, um über eine pfiffige Erwiderung nachzudenken. Damit haben Sie den Reflex, sofort antworten zu müssen, entschärft und gewinnen so wertvolle Zeit.

Klar, es gibt immer mal Situationen, da bekommen Sie eine gepfefferte Breitseite, die nur so vor Frechheit strotzt und Ihnen den Kiefer nach unten klappen lässt. Sie fühlen sich ungerecht behandelt, sind verletzt. Stress pur! Hier versagt der präfrontale Cortex Ihres Gehirns jämmerlich. (Er wird aktiv, wenn wir etwas planen oder ein komplexes Problem lösen. Er setzt Prioritäten, z. B. gleichzeitig Treppe steigen und telefonieren.)

KLARE WORTE

> Ein schneller Antwortreflex macht Stress und verhindert klares Denken.

Jetzt zahlt es sich aus, eine Methode zu beherrschen, bei der Sie nicht großartig nachdenken müssen. Salopp gesprochen, umgeht die Fragetechnik unsere Denkblockade. Einfache Fragen, die Sie auf Abruf parat haben, verhindern den Stress, auf Knopfdruck etwas Geistreiches und Originelles sagen zu müssen. Sind die Fragen abgespeichert, steht dem Gehirn ein sicherer Datenhighway zur Verfügung.

Achtung: Keine geschlossene Frage stellen. Ihr Gegenüber wird die Chance beim Schopf packen und blitzschnell mit »Ja« oder »Nein« antworten. Angenommen Sie hören ein: »Sie müssen immer das letzte Wort haben!« Und Sie antworten mit einer geschlossenen Gegenfrage: »Empfinden Sie das wirklich so?« Erhalten Sie mit Sicherheit sofort ein knallhartes »Ja«. Sie sind noch stärker in Erklärungsnot geraten und der Zeitgewinn ist verspielt.

Ein paar offene Fragestellungen, die Ihnen Zeit verschaffen:
- »Wie kommen Sie darauf?«
- »Können Sie mir das bitte näher erläutern?«
- »Was verstehen Sie unter ...?«
- »Was wollen Sie mir damit sagen?«

### 3. Bitte lauter!

Besonders unangenehm: Ihr Chef stellt Sie vor versammelter Mannschaft bloß. Süffisant, herablassend säuselt er: »Die letzte Präsentation war schwach, da habe ich mehr von Ihnen erwartet!« Bitte zucken Sie jetzt nicht wie ein Häschen zusammen. Nach dem Motto: Das hat jetzt bestimmt kaum jemand gehört. Genau das

Gegenteil ist nun wirksam: Sie richten sich auf und erwidern mit fester Stimme: »Ich habe das eben akustisch nicht verstanden. Würden Sie das bitte noch mal laut und deutlich wiederholen?!« Glauben Sie mir, diese entlarvende Nachfrage sitzt. Sie haben Ihrem Chef mutig seine Pietätlosigkeit um die Ohren geschleudert. Nun, mal sehen, wie er vor dem erwartungsvollen (und auch ein wenig schadenfrohen) Team die Kurve kriegt. Zugegeben, dieser Konter setzt bereits im Vorfeld Adrenalin frei. Mut benötigt diese Droge ebenfalls. Also, worauf warten Sie! Die Belohnung heißt: Zeitgewinn und gesteigertes Selbstwertgefühl.

> Fragen gehören zu den stärksten Techniken der Schlagfertigkeit. Sie sind einfach im Sprachschatz zu verankern und lassen sich mühelos abrufen. Also, statt mit einer Antwort oder Rechtfertigung zu reagieren, gehört die Frage ab heute in Ihr Repertoire.

### 4. Einfach und effizient: Schweigen

Reden ist Silber, Schweigen ist Gold. »Sie haben ja keine Ahnung!« Dieser Angriff ist ein Schlag ins Gesicht. Ein Schuss unter die Gürtellinie. Mehr noch, er ist niveaulos. Kontern Sie jetzt? Ja klar. Jedoch auf subtile Art: Sie schweigen. Schweigen soll nicht heißen, Ihnen fehlen die Worte oder Sie stimmen dem zu. Ganz im Gegenteil. Mit festem Blick schauen Sie dem »Sprücheklopfer« in die Augen. Entspannte Körperhaltung und leicht mokantes Lächeln machen deutlich, dass Sie sich nicht auf dieses Niveau begeben. Was passiert? Es herrscht Stille, der niveaulose Angriff verhallt ohne Resonanz im Nirvana. Dumm gelaufen – aber nicht für Sie, sondern für Ihr Gegenüber. Respektlosigkeit kann sich zum blamablen Bumerang entwickeln. Frei nach dem Credo: »Was kümmert es die stolze Eiche, wenn sich eine Wildsau an ihr reibt!« Sie machen weiter, als ob nichts gewesen wäre.

Einwandtechniken, die Sie mit etwas Übung mühelos umsetzen können.

### 5. Die Umdeutungstechnik (Re-Framing)

Durch eine geschickte Umformulierung vermitteln Sie eine andere Sichtweise gegenüber der Behauptung. Sie machen aus einem negativen Angriff eine plausible Erklärung, ohne in die Rechtfertigungsfalle zu tappen.

Beispiele:

Angriff/Behauptung:
»Sie sind ein Geizhals!«

Antwort:
»Wenn Sie unter Geizhals jemanden verstehen, der mit seinem Geld haushalten muss, damit er seinen kranken Vater und die studierenden Kinder unterstützen kann, ja, dann bin ich geizig.«

Behauptung/Angriff:
»Sie sind vorlaut.«

Antwort:
»Wenn Sie unter vorlaut jemanden verstehen, der offen seine Meinung sagt, dann gebe ich Ihnen recht.«

## 6. Die Meinung-Gegenteil-Technik

Sie respektieren und bestätigen die Meinung Ihres Gegenübers. Andererseits vertreten Sie geschickt und ohne Rechtfertigung Ihren Standpunkt. Diese Technik war bei Altbundeskanzler Gerhard Schröder sehr beliebt.

Beispiel:

Behauptung:
»Sie sind überhaupt nicht an Weiterbildung interessiert.«

Antwort:
»Das ist Ihre Meinung. Tatsache ist, das Gegenteil ist richtig. In Wahrheit informiere ich mich ständig und bin sehr an Weiterbildung interessiert.«

Behauptung:
»Sie sind ein Phantast!«

Antwort:
»Das ist Ihre Meinung. Tatsache ist, ich beobachte den Markt und stelle schon heute die Weichen für morgen.«

## 7. Die Umlenktechnik

Mit der Antwort lenken Sie die Gesprächsführung zu Ihren Gunsten.

Vorwurf:
»Warum wagen Sie nie ein Risiko?«

Antwort:
»Die Frage ist doch ganz anders zu stellen. Was haben wir mit unserer Politik der kleinen Schritte schon alles erreicht? Wir haben ...«

Vorwurf:

»Warum liefern Sie dieses Quartal so schlechte Zahlen?«

Antwort:

»Die Frage ist doch ganz anders zu stellen. Was habe ich in den ersten zwei Quartalen erreicht? Eine Steigerung von 30 Prozent zum Vorjahr!

## 8. Sachebenenstrategie

Schlagfertigkeit im Business kann Sie unter Umständen Kopf und Kragen kosten. Hier gelten andere Regeln als am Stammtisch. Sicher, Sie können dem Chef oder Geschäftspartner mit einem übertriebenen, selbstsicheren Ego eins auswischen. Aber das ist ein Pyrrhussieg. Er/sie wird sich rächen, und nun raten Sie mal, wer dann am kürzeren Hebel sitzt? Der bessere Weg heißt, souverän das unangenehme Thema umschiffen. Denn wichtiger als der kurze verbale Sieg ist es, seine Interessen einzubringen. Nehmen wir an, Ihr Vorgesetzter kritisiert Sie: »Ihre letzte Präsentation war ziemlich nichtssagend.« Das könnten Sie mit der Fragetechnik »Was meinen Sie mit nichtssagend?« oder mit der Umdeutungstechnik »Wenn Sie mit nichtssagend meinen, dass ich ...« quittieren. Doch Sie sind clever und werden einen Teufel tun. Denn Sie wissen:

1. Ganz Unrecht hat Ihr Vorgesetzter nicht.

2. Sie müssen sich aus der Schusslinie zurück zur Sachebene bugsieren.

3. Jetzt sind Empathie und Fingerspitzengefühl angesagt.

Vier magische Worte, um die gefährliche Klippe zu umschiffen:

»Danke für den Hinweis.«

Ein ehrlich gemeinter Dank ist immer gut und vermittelt Ihrem Gegenüber Wertschätzung. Damit entweicht schon eine Menge Luft aus dem Karton. Dann führen Sie den Satz fort:

»Ich plane für die nächste Präsentation einen interaktiven Part mit ein. Ist das in Ihrem Sinne?«

Bingo! Drei Treffer. Sie haben Ihrem Vorgesetzten Wertschätzung vermittelt, sich nicht gerechtfertigt und gleich einen Verbesserungsvorschlag angeführt.

Hier geht es um eine andere Form der Schlagfertigkeit: aufmerksam zuzuhören und zielführend mit den Einwänden umzugehen. Im Businesskontext, in Unternehmen oder bei Geschäftspartnerschaften ist das eine sehr zielführende Gesprächsführungstechnik.

## Resümee

Nehmen Sie jede kontroverse Meinung persönlich? Möchten Sie Ihr aggressives Durchsetzungsvermögen beweisen? Verwechseln Sie zickig mit Schlagfertigkeit?

In dem Fall stelle ich eine provokante Frage: »Sind Ihnen schon einmal Menschen begegnet, die weniger verbal angegriffen werden und ganz gut ohne Schlagfertigkeit leben?« Wenn ja, warum? Nun, weil sie etwas ausstrahlen, das sich auf den ersten Blick mit Präsenz bezeichnen lässt. Auf den zweiten Blick erkennen wir jedoch unsere typischen Verdächtigen: positive Einstellung, aufrechte Haltung, raumgreifende Gestik, sichere Stimmführung, freundlich-offener, aber bestimmender Blickkontakt. Diese Menschen empfinden sich als gleichwertig und gefestigt. Und wenn sie Mist gebaut haben, dann stehen sie aufrichtig dazu und entschuldigen sich. Das zeigt

Größe und Mut zur Selbstreflexion. Aggressive »Wadenbeißer« wittern das und lassen von dieser riskanten Beute ab.

Merke: Die meisten Angreifer bevorzugen schwächere Gegner. Das heißt, wenn Ihr Selbstwertgefühl im Keller ist, Sie bevorzugt mit gesenktem Blick durchs Leben gehen, dann können Sie Sprüche und Methoden der Schlagfertigkeit bis zum Exzess auswendig lernen. Es wird erstens unnatürlich und angelernt rüberkommen. Zweitens, es lässt Sie unglaubwürdig erscheinen und wird Gelächter auslösen. Und drittens, es wird den Angreifer zu weiteren Attacken animieren. Verzichten Sie bitte auf das krampfhafte Auswendiglernen von Phrasen, das unterstreicht mangelndes Selbstvertrauen. Davon abgesehen, hat vielleicht Ihr Gegenüber ebenfalls ein Schlagfertigkeitsseminar besucht. Dann kann sich die Kommunikation zu einem Ping-Pong-Spiel entwickeln, eine künstliche Stichelei, die den Konflikt unnötig verstärkt.

Nun, wenn Sie mich fragen, dann ist Schlagfertigkeit eine feine Sache. Ein elegantes Fechten mit dem Florett, es schlägt jeden verletzenden Dampfplauderer. Deshalb haben Sie Spaß an Ihrer kreativen Energie innerhalb der Kommunikation. Sie werden schnell merken, dass Ihnen viele Schlagfertigkeitsmomente mit der aktiven Anwendung wie von selbst glücken. Das motiviert und bringt Ihnen Sympathiepunkte.

Möchten Sie noch intensiver in den Schlagfertigkeitskosmos eintauchen? In den Literaturempfehlungen habe ich einige Titel für Sie zusammengestellt.

## Auflösung

### Übung 5-Satz-Technik

1. Behauptung: Urlaub in den Bergen ist erholsamer.

2. Argument 1: Das Wandern in den Bergen optimiert das Herz-Kreislauf-System. Schlafqualität, Schlafdauer und Durchschlafqualität nehmen zu.

3. Argument 2: Wandern ist äußerst kostengünstig.

4. Beispiel: Am Ende eines zweiwöchigen Aufenthalts in den Bergen hat sich der Sauerstoffgehalt im Körper signifikant verbessert.

5. Schlussfolgerung: Deshalb ist es gut, wenn wir im Sommerurlaub in die Berge statt ans Meer fahren.


1. Behauptung: Sport ist gesund für Körper und Geist.

2. Argument 1: Sport macht uns glücklich, denn die körpereigenen »Glückshormone«, die Endorphine, werden beim Sport in größeren Mengen ausgeschüttet.

3. Argument 2: Bewegung baut Muskeln und Knochen auf. Zusätzlich wird Fett verbrannt.

4. Beispiel: Es ist wissenschaftlich gut belegt, das Sport vor Herz-Kreislauf-Erkrankungen schützt

5. Schlussfolgerung: Deshalb machen wir 3-mal in der Woche Sport.

KLARE WORTE

### Übung: Triple-B-Methode

1. Behauptung: Immer mehr kleine Bäckereien schließen.

2. Begründung: Supermärkte und Discounter sowie der Mangel an qualifiziertem Fachpersonal machen den kleinen Bäckereien das Leben schwer.

3. Beleg/Beispiel: Nach einer Prognose werden bis 2020 mehr als ein Drittel der Bäckereien in Deutschland aufgeben müssen.


1. Behauptung: Die Arbeit von Frauen wird schlechter vergütet als die von Männern.

2. Begründung: Frauen arbeiten meistens in Branchen mit geringer Entlohnung – etwa in der Erziehung sowie im Gesundheits- und Sozialwesen.

3. Beleg/Beispiel: Frauen kamen im vergangenen Jahr auf einen Stundenlohn von 16,25 Euro brutto, Männer erhielten 20,71 Euro.


### Auflösung Übung: Ich-Botschaften

Du-Botschaft:
»Man muss Ihnen offensichtlich alles zweimal erklären.«

Ich-Botschaft

1. Konkrete Beschreibung der Situation:
»Ich bemerke, dass ich Ihnen den Sachverhalte wiederholt erläutern muss.«

2. Beschreibung der eigenen Gefühle:
»Das verunsichert mich, da ich das Gefühl habe, nicht die richtigen Worte zu finden.«

### 3. Eigene Bedürfnisse ausdrücken:
»Ich brauche die Gewissheit, dass mein Anliegen verstanden wird.«

### 4. Eine Bitte formulieren
»Ich bitte Sie daher, mir zu sagen, wenn ich mich zu kompliziert oder unverständlich ausdrücke.«

Du-Botschaft:
»Du hast mich weder angerufen noch eine Mail geschickt.«

Ich Botschaft:
### 1. Konkrete Beschreibung der Situation:
»Wenn ich tagelang auf eine Nachricht von dir warte, dann ...«

### 2. Beschreibung der eigenen Gefühle:
»... fühle ich mich vernachlässigt und bin enttäuscht.«

### 3. Eigene Bedürfnisse ausdrücken:
»Ich brauche das Gefühl, dass ich und meine Nachricht ernst genommen werden.«

### 4. Eine Bitte formulieren
»Ich bitte dich, mir eine Zwischeninfo zu geben, ob du meine Nachricht erhalten hast, und wenn es dir möglich ist, näher darauf einzugehen.«

# 7 ICH STEH' DAZU!

## Akzeptanz erreichen, ohne sich zu »verbiegen«

»Ubuntu – ich bin, weil wir sind.«
*Weisheit aus Afrika*

Ein Déjà-vu gefällig? Eines, indem Sie selbst gern die Hauptrolle spielen würden?

Sie unterhalten sich angeregt inmitten gut gelaunter Partygäste. Plötzlich geht die Tür auf und eine Person betritt – nein erscheint – wie selbstverständlich im Raum. Souverän, selbstsicher, raumgreifend. »Wow«, denken Sie und wittern den brisanten Cocktail aus Präsenz, Ausstrahlung und Persönlichkeit mit einem Spritzer Charisma. Genau die Attribute, die beim Rudeltier Mensch erstklassige Akzeptanz auslösen. Jetzt könnte ich forsch behaupten, wer die vorhergehenden Kapitel beherzigt, steht dem ziemlich nahe. Das stimmt. Körperausdruck, Stimme & Co. sind hilfreiche Werkzeuge, die einen entscheidenden Teil beisteuern, um charismatisch zu wirken. Doch für das gewisse Etwas darf es noch etwas mehr sein. Was genau dieses Mehr ausmacht, dafür existieren eine Fülle von Theorien. Der Wunsch, die menschliche Individualität wissenschaftlich zu definieren, die Summe aller angeborenen und anerzogenen Eigenschaften auf bestimmte Merkmale zu reduzieren, ist so alt wie die Menschheit selbst. In erster Linie ist es die Hoffnung, daraus Kenntnisse zu gewinnen, genau zu wissen oder zu ahnen, wie der andere sich verhält, um dann entsprechend oder schon im Vorfeld darauf reagieren zu können. Um eine stabile und vertrauensvolle Beziehung aufbauen zu können, müssen wir unser Gegenüber richtig einschätzen und sein/ihr Verhalten verstehen. Auf der anderen Seite möchten wir selbst wissen, wer wir sind, wie wir sind, wie wir gesehen werden und was uns einzigartig macht. Was unterscheidet uns, was haben wir mit anderen Menschen gemeinsam?

## Bitte nicht persönlich nehmen! – Persönlichkeit

Persönlichkeit hat und ist jeder! Die Bewertung, was eine positive wie auch eine negative Persönlichkeit ausmacht, unterliegt dem Zeitgeist, der Tradition und der Prägung des Betrachters. Der Begriff leitet sich schlicht von »Person« ab, woraus sich konkurrierende Wortableitungen ergeben. Unter anderem leitet sich Person von dem lateinischen *personare* ab, was so viel wie »durchtönen« heißt und sich auf das Durchtönen der Stimme durch die Maske beruft, die die antiken Schauspieler zu ihren Rollen trugen. Ein weiterer Ursprung ist das etruskische *Phersu*, eine Gestalt aus der Unterwelt.

Phersu trat maskiert bei Leichenspielen auf und gab sich in einer für ihn typischen Verkleidung zu erkennen. Einige Wissenschaftler vertreten die Ansicht, das Wort Phersu sei wiederum mit dem lateinischen *persona* verwandt. Die heutige Definition lautet: »Persönlichkeit bezeichnet die Gesamtheit der individuellen Eigenschaften einer Person«, sie bezieht sich damit auf alle prägenden Persönlichkeitsanteile, die einen Menschen ausmachen.

Das Thema ist so komplex wie schwammig, weshalb auch gern nach allgemein verbindlichen Theorien Ausschau gehalten wird. Menschen in eine Charaktertyp-Schublade zu packen, ist eine davon. Eine der ältesten Persönlichkeitstypologien ist die Klassifizierung der Temperamente. Sie geht auf den griechischen Arzt Hippokrates von Kos zurück (400 v. Chr.). Seine Hypothese lautete, dass Temperament und Charakter mit den vier Körpersäften in Verbindung stehen: 1. schwarze Galle, 2. Schleim, 3. gelbe Galle, 4. Blut. Die griechischen Wörter und ihre entsprechenden Eigenschaften hierfür heißen:

### 1. Melancholiker (schwarze Galle)

Bescheiden, gewissenhaft, genau, tiefgründig, ordentlich, sensibel, planend, loyal, tiefgründig, idealistisch, hartnäckig.

Andererseits: unsicher, skeptisch, selbstzweiflerisch, kritisch, kleinlich, verschlossen, ängstlich, pessimistisch, unpraktisch, empfindlich.

### 2. Phlegmatiker (Schleim)

Ausgeglichen, schüchtern, verbindlich, geduldig, zurückhaltend, genügsam, ruhig, diplomatisch, beständig.

Andererseits: starr, unschlüssig, unauffällig, unterwürfig, unbeteiligt, begeisterungslos, langsam, gleichgültig.

3. **Choleriker** (gelbe Galle)

Abenteuerlustig, selbstbewusst, bestimmend, aktiv, sicher, mutig, produktiv, überzeugend, unabhängig, energisch

Andererseits: dominierend, streitsüchtig, manipulierend, dickköpfig, dreist, ungeduldig, überheblich, stolz.

4. **Sanguiniker** (Blut)

Beliebt, spontan, lustig, verspielt, sorglos, gesprächig, hoffnungsvoll, anregend, kontaktfreudig, überzeugend, gesellig.

Andererseits: zerstreut, rastlos, unberechenbar, oberflächlich, vergesslich, wankelmütig, inkonsequent, naiv, redselig, angeberisch.

Auch heute noch sind diese Begriffe geläufig. Am treffendsten kann man sie mit einem Gleichnis verdeutlichen.

Eine teure Vase fällt vom Tisch.

Der Sanguiniker denkt sich nicht viel dabei, fegt unbekümmert die Scherben auf und freut sich darauf, endlich eine neue Vase kaufen zu können.

Der Choleriker bekommt einen Tobsuchtsanfall, schimpft auf Gott und die Welt.

Der Phlegmatiker ist unschlüssig, was er tun soll, und lässt die Scherben erst mal liegen.

Der Melancholiker versinkt in Grübelei, warum gerade ihm dieses Missgeschick passieren musste.

Im Mittelalter wurde die Temperamentenlehre noch durch die Zuordnung von Himmelsrichtungen, Elementen, Sternzeichen, Tonarten, Jahreszeiten und Planeten ergänzt. Das konnte sich dann so darstellen:

## Sanguiniker

| | |
|---|---|
| Körpersaft: | Blut |
| Eigenschaft: | fröhlich |
| Himmelsrichtung: | Osten |
| Element: | Blei |
| Sternzeichen: | Skorpion |
| Tonart: | F-Dur |
| Jahreszeit: | Herbst |
| Planet: | Venus |

Himmelsrichtung, Element, Sternzeichen etc. waren ebenfalls Eigenschaften zugeordnet, die dem Gesamtbild der jeweiligen Person zugeteilt wurden. Auch längst verstorbene, historische Persönlichkeiten standen im Fokus. Wie selbstverständlich stellte Albrecht Dürer (1471–1528) die vier Apostel im Hinblick auf die vier Temperamente dar: Johannes – Sanguiniker, Paulus – Phlegmatiker, Markus – Choleriker und Paulus – Melancholiker. Es überrascht nicht, dass keiner von ihnen sein Veto einlegte. Ab dem 19. Jahrhundert kam es zu einer regelrechten Explosion der Persönlichkeitstheorien: Die »modernen« Konzepte zur Theorie der Persönlichkeit kamen in Schwung und werden seitdem stetig modifiziert.

Sigmund Freud (1856–1939) entwickelte ein Drei-Schichten-Modell der Persönlichkeit (Es, Ich, Über-Ich).

Von Abraham Maslow (1908–1970) stammt die »Maslowsche Bedürfnispyramide«. Sie ist das Entwicklungsmodell der Hierarchie menschlicher Bedürfnisse.

Ernst Kretschmer (1888–1964) erforschte Körperbau und Charakter und führte damit die Konstitutionstypologie ein, eine

KLARE WORTE

Unterscheidung zwischen den Typen des Leptosomen, Athletikers und des Pyknikers.

Gordon Allport (1897–1967) und William Stern (1871–1938) sind die Gründungsväter der humanistischen Persönlichkeitspsychologie. Diese betont das Zusammenspiel der verschiedenen Persönlichkeitseigenschaften, die eine Person einzigartig machen.

Heute gibt es eine Vielzahl von Persönlichkeitsmodellen, die alle den Anspruch haben, die Persönlichkeit schwarz auf weiß aufzuzeigen. Abgespeckte Versionen sind der Renner in der Yellow Press, sie bedienen die Neugierde der Leser, die in zehn Minuten alles über sich erfahren wollen. Wem das zu banal ist, dem stehen ausgeklügelte Business-Persönlichkeitstests zur Verfügung. Angesagt sind hier u. a. das Fünf-Faktoren-Modell (Big Five), der Myers-Briggs-Typenindikator (MBTI), Dominanz, Initiative, Stetigkeit und Gewissenhaftigkeit (DISG) oder das Bochumer Inventar zur berufsbezogenen Persönlichkeitsbeschreibung (Bip).

Bisher ist es noch keinem Modell gelungen, objektive Ergebnisse hervorzubringen. Wird der Test unter unterschiedlichen Bedingungen ausgefüllt, bringt er auch unterschiedliche Ergebnisse hervor. Noch gravierender sind die Resultate, wenn verschiedene Tests parallel herangezogen werden. Da mutiert der Interessent schnell mal an einem Tag zu Dr. Jekyll und anderntags zu Mr. Hyde.

Ergo: Unsere Persönlichkeit ist nicht statisch, sie entwickelt sich stetig weiter und ist ein lebenslanger, dynamischer Prozess. Gedanken, Verhaltensweisen, Charakterzüge, Gefühle sind prägend. Woran wir glauben, was wir erreichen möchten, wofür wir stehen, also unsere Werte, unterliegen wiederum unseren Wahrnehmungen, unserer Erfahrung und unserem Wissen. Alles steht mit allem in Verbindung. Menschen und ihre Persönlichkeit zu definieren, um sie dann auf bestimmte Merkmale zu reduzieren, ist eine Sisyphusaufgabe ohne absehbares Ende.

Allein der Fuchs im Buch »Der kleine Prinz« von Antoine de Saint-Exupéry hat für sich die passende Antwort gefunden: »Man sieht nur mit dem Herzen gut. Das Wesentliche ist für die Augen unsichtbar.«

## Was glänzt denn da? Charisma & Co!

Der Begriff klingt nach einem prächtig geschmückten, hell erleuchteten Weihnachtsbaum. Funkelnd und glitzernd scheint er etwas Besonderes zu sein, und diesem Besonderen kann man sich nur schwer entziehen. Manche Menschen entfalten diese Magnetwirkung und entlocken uns spontan das Prädikat »charismatisch«.

Das Besondere steht über dem Persönlichen und führt direkt zum Übermenschlichen. Klare Sache, hier sind göttliche Umstände mit im Spiel. Die alten Griechen fingen damit an. Das Wort *chárisma* bedeutet so viel wie Gabe, Geschenk, Gnade, Gunst und war noch nicht themenbezogen. Später wurde daraus ein »aus Wohlwollen und Gnade gesendetes Geschenk der Götter«. Sozusagen ein Geschenk von Gottesgnaden, ohne jeglichen Einfluss des Menschen. Seit dem 20. Jahrhundert steht Charisma für eine »besondere oder gewinnende Ausstrahlung«. Das heißt, Charisma und Ausstrahlung haben die gleiche Bühne. Apropos Bühne. Karl Lagerfeld definierte das Phänomen Ausstrahlung so: »Wenn eine Person einen Raum betritt und alles andere um sie herum unsichtbar wird.« Na fein, das bringt schon mal ein wenig Licht ins Dunkel und wir ahnen, dieses Dunkel liegt jenseits von Intelligenz, Fleiß oder Wissen.

KLARE WORTE

## Kennen Sie charismatische Menschen?

Mir fallen spontan J. F. Kennedy, Nelson Mandela, Martin Luther King, aber auch John Lennon, Marilyn Monroe, Mutter Teresa oder Jesus von Nazareth ein.

Waren Unpersonen wie Nero, Stalin, Hitler, Charles Manson charismatisch? In diesen Fällen muss man sagen: ja, leider! Ihr Charisma vereinnahmte und verführte gezielt. Wie hätten sie sonst so viele Menschen beeinflussen und verführen können? Ist ein hohes Bildungsniveau eine Voraussetzung? Nicht zwingend. Der ungebildete Tunichtgut Grigori Rasputin hatte mit faktisch gar keiner Schulbildung die gesamte Zarenfamilie (und nicht nur die) in seinen Bann gezogen.

Was macht also charismatische Menschen aus?

Der Psychologe Richard Wiseman, Professor an der Universität Hertfordshire, hat drei Eigenschaften, über die eine charismatische Person verfügt, identifiziert:

1. Sie empfindet Emotionen sehr stark.
2. Sie ist in der Lage, auch andere Menschen starke Gefühle miterleben zu lassen.
3. Sie ist resistent gegenüber Einflüssen anderer charismatischer Menschen.

In puncto Emotionen sind die Meinungen allerdings geteilt. So muss eine als charismatisch wahrgenommene Person nicht zwingend selbst stark emotional empfinden. Berechnend, mit schauspielerischem Talent und Menschenkenntnis ausgestattet, kann sie durchaus bei anderen starke Emotionen auslösen. Einigkeit herrscht darin, dass charismatische Persönlichkeiten:

1. außergewöhnlich handeln,
2. regelfremd denken,
3. von der Meinung anderer unabhängig sind,
4. neue Gebote verkünden.

Denkt man an charismatische Persönlichkeiten, so verbindet man diese automatisch mit ihrem einprägsamen Leitgedanken. »Ich bin ein Berliner« (J. F. Kennedy), »Ich habe einen Traum« (M. L. King), »Yes, we can« (B. Obama) oder auch »Geht's raus und spielt's« (F. Beckenbauer). Einfache Slogans, knackige Parolen, die die Träume, Sorgen und Bedürfnisse der Menschen auf den Punkt bringen. Das berührt und motiviert. Jeder Leader kann sich glücklich schätzen, wenn er seine Vision so prägnant formulieren kann. Dieser prägnante Leitgedanke ermöglicht es, Menschen für eine gemeinsame Sache zu aktivieren und zu bewegen. Das »funktioniert« sowohl mit positiven als auch mit negativen Absichten.

## Die dunkle Seite der Macht

Jede Medaille hat zwei Seiten. Wer im Bann eines charismatischen Menschen steht, ohne es zu merken, bei dem stehen Tür und Tor für Manipulationen weit offen. Er kann zu seinem und aller Vorteil positiv überzeugt, aber auch bösartig für die Machenschaften anderer missbraucht werden. Davor ist keiner gefeit. Negativ gepolte Charismatiker (manipulative Psychopathen) sind ausgesprochen geschickt und haben oft eines gemeinsam:

- Sie können sich gut in andere Personen einfühlen, ohne mitfühlend zu sein.
- Sie finden schnell heraus, was andere gern hören möchten bzw. was ihnen Sorge und Angst bereitet.

KLARE WORTE

- Sie schaffen schnell ein »Wir-Gefühl« und vermitteln, auf der gleichen Wellenlänge zu sein.
- Sie verfügen über einen 7. Sinn, wo Schwachstellen bei anderen Menschen liegen.
- Sie handeln aus einem starken, meist verdrängten Defizit heraus.

Die Forderung nach charismatischen Führungspersönlichkeiten für Wirtschaft oder Politik ist allgegenwärtig: »Starke/r Mann/Frau mit Überzeugungskraft und der Fähigkeit, die Mitarbeiter zu hohen Leistungen zu motivieren, dringend gesucht. Ausstrahlung, Anziehungskraft und mitreißende Power inklusive!« Das muss nicht immer zum Wohle aller sein. Dazu Professor Fredmund Malik aus St. Gallen: »Irgendwie ist die Vorstellung in die Welt gekommen, Manager, insbesondere jene an der Spitze, müssten eine Mischung aus Nobelpreisträger, antikem Feldherrn und TV-Showmaster sein. Geschichtlich haben charismatische Führer fast immer Katastrophen ausgelöst. Sie sind gefährlich, weil sie sich nicht an Regeln halten; sie sind unberechenbar; sie glauben, das Universum unter Kontrolle zu haben, sie verfolgen Utopien, sie sind überzeugt, in allem recht zu haben, werden rigide und sind daher recht bald auf der falschen Spur.« Das Dilemma ist bekannt, scheint jedoch ein Perpetuum mobile zu sein. Unrühmliche Personen, die mit ihrem Charisma ganze Völker ins Unglück gestürzt haben, sind nicht die Regel, aber auch nicht die Ausnahme. Die amerikanischen Organisationswissenschaftler Jane Howell und Bruce Avolio unterscheiden ethisches von unethischem Charisma: »Dem Ethiker liegen seine Gefolgsleute am Herzen, er hört auf sie und ist gerecht; der Unethiker herrscht autoritär, mit Willkür, ohne Moral.«

## Kann man Charisma erlernen?

Hier scheiden sich die Geister. Ist es eine Sache der Erbanlage? Man hat es oder man hat es nicht? Oder kann man sich Charisma mit viel Fleiß aneignen? Die Wahrheit liegt mutmaßlich irgendwo dazwischen. Ohne entsprechende genetisch bedingte Charaktereigenschaften wird es jedenfalls in puncto Charisma schwierig. Ohne Übung und Fleiß auch. Ein Wolfgang Amadeus Mozart hätte der Welt nicht solche genialen Melodien geschenkt, wenn Vater Mozart nicht das Talent erkannt und rigoros gefördert hätte. Boris Becker wurde mit Kampfgeist und Talent der jüngste Wimbledonsieger aller Zeiten. Ein Riesentalent. Doch ohne zielstrebiges Training mit professionellen Trainern wäre das kaum möglich gewesen. Heißt das nun, die mit weniger Talent gesegneten Geister sind chancenlos? Keineswegs. Ein gewisses Maß an Charisma kann man entwickeln und ein Schritt höher auf der Leiter ist durchaus möglich. Demzufolge definieren amerikanische Führungsriegen Charisma eher als ausgeklügeltes Kommunikationsverhalten denn als Dimension der Persönlichkeit. Menschen, die ihre rhetorischen Fähigkeiten auf überraschende und interessante Art anwenden, bei denen Stimme, Körperausdruck und Sprache in Einklang stehen, sind dabei durchaus auf der Habenseite.

Glanz erstrahlt auch häufig unbewusst oder wird bewusst mit kommerziellen Absichten »gefördert«. Nehmen wir an, jemand kommt Ihnen gut gelaunt entgegen. Beschwingter Gang, leicht lächelnd, die Augen sprühend. Wow, denken Sie, was für eine tolle Ausstrahlung. Richtig, die Person strahlt etwas aus. Der Grund: Sie ist bis über beide Ohren verliebt. Öffentliche Personen, wie z. B. Künstler, Sportler, Moderatoren etc., erleben oft einen Medien-Hype (Instagram/Facebook etc.). Sie werden »künstlich charismatisiert«. Allgegenwärtig und trotzdem unerreichbar scheinen sie vor Charisma nur so zu strotzen. Das fördert Interpretationen, schafft Begehrlichkeiten und den Wunsch, dieser Person nahe oder ähnlich zu sein. Erwünschtes Resultat: Die Einschaltquoten, die Fans und die Klickraten schnellen nach oben. Die Kassen klingeln. Allerdings ist der Hype vorbei, schwinden oftmals Ruhm und Charisma. Verzerrte Wahrnehmungen sind ein weiteres Phänomen.

Angenommen, Sie sehen gern Quizsendungen. Besonders die eine, in Ihren Augen charismatische Moderatorin hat es Ihnen angetan. Gutaussehend und eloquent schreiben Sie dieser Frau automatisch weitere positive Eigenschaften wie Intelligenz, Zuverlässigkeit und Empathie zu. Ein Musiker spielt sein Instrument, zum Dahinschmelzen. Die Seele wird zutiefst berührt. Dieser Musiker muss zwangsläufig ein einfühlsamer Mensch sein, denken Sie. Sie schließen wegen einer augenscheinlichen Fähigkeit auf weitere Kompetenzen. Nichts davon muss zutreffen. Sie sind dem »Halo-Effekt« verfallen. Im Englischen bedeutet »Halo« Heiligenschein. Wie ein Heiligenschein überstrahlen ein oder mehrere wahrgenommene Merkmale das Gesamtbild. Sie sind auf eine positive Eigenschaft fokussiert und schließen, ähnlich wie im ersten Augenblick (Primäreffekt), automatisch auf andere unbekannte Eigenschaften. Das funktioniert durchaus auch umgekehrt. Aus dem positiven »Heiligenscheineffekt« wird der sogenannte negative »Teufelshörnereffekt«. Schon William Shakespeares mahnte in »Der Kaufmann von Venedig«: »Nicht alles, was glänzt, ist Gold.« Oder mit den Worten meiner Oma gesprochen: »Außen hui und innen pfui.«

Letztlich ist und bleibt Charisma eine abstrakte, nicht messbare Eigenschaft, die von anderen Personen subjektiv wahrgenommen wird. Eines jedoch nehmen alle Charismatiker für sich in Anspruch: Ihr Handeln passt zu ihrer Person! Und sie verströmen ein inneres Feuer. Frei nach Augustinus von Hippo (430–354 v. Chr.): »In dir muss brennen, was du in anderen entzünden willst.«

## Fels in der Brandung – Präsenz

Ein Seminar ist ein Seminar, ist ein Seminar – Seminarteilnehmer buchen ein Thema, um etwas zu lernen, zu erfahren, etwas für sich »mitzunehmen«. Werden in dem Seminarprozess blinde Flecke, Zusammenhänge bewusstgemacht, »Aha«-Erlebnisse provoziert, hat sich der Einsatz für Teilnehmer und Dozent gelohnt. Abgesehen von dem jeweiligen Fachthema, schwingen dabei auch immer Ambitionen mit, auf der Persönlichkeitsebene neue Wege zu erkunden. Entdecken, wer man ist, wie man gesehen wird, wohin die Reise geht, welche Ziele zu einem passen. Verfolgt ein Seminarteilnehmer das Ziel, in diesem begrenzten Zeitrahmen eine Patentanleitung zu erhalten, seine Persönlichkeit bzw. Präsenz aufzufrischen, so wird er schnell zwei Dinge feststellen:

1. Überholtes Wissen kann man über Bord werfen und durch neues Wissen ersetzen.
2. Der Charakter bleibt und ist nur äußerst schwer zu ändern.

Die gute Nachricht: Unsere Einstellungen und Verhaltensweisen lassen mit sich reden. Sie sind umgänglich, aufnahmebereit und ja, sie werden es Ihnen danken. Sie müssen sich nur darauf einlassen. Um hier entsprechend zu justieren, steht zuallererst die Frage, wie Ihr Eigenbild mit der Sichtweise anderer übereinstimmt.

### Wie werde ich wahrgenommen?

Die Frage geistert mehr, als uns bewusst ist, in unserem Kopf herum. Denn wir sind uns unserer Identität bei weitem nicht sicher. Läuft alles super, ist der Status in der »Gruppe« gefestigt, dann verschwenden wir daran keinen Gedanken. Ganz anders verhält es sich in Krisensituationen. Hier kommen schnell Zweifel auf, ob wir das sind, was wir meinen zu sein. Es schaltet sich zuallererst der bequeme, jedoch tückische Schutzmechanismus ein, der uns beschwichtigend suggeriert, dass die anderen Menschen uns einfach unzutreffend wahrnehmen und ungerecht behandeln. Was folgt ist die klassische Schlussfolgerung, die da lautet: Wir verhalten uns richtig, die anderen sind im Unrecht. Diese Einschätzung macht selbstherrlich und lässt unsere Persönlichkeit verkümmern.

Die folgerichtigere Fragestellung ist: Was strahle ich aus, warum und wie? Weshalb werde ich missverstanden bzw. warum kommt das Echo so verletzend bei mir an?

Ganz anders verhält es sich, wenn unser Gegenüber auf der gleichen Wellenlänge schwingt, mit unserer Persönlichkeit in Resonanz geht. Die Kommunikation ist dann das reinste Vergnügen. Wir sprechen eine gemeinsame Sprache. Ziele und Ambitionen lassen sich geschmeidiger vermitteln. Sie ahnen es schon, auch hier gibt es einen Zauberschlüssel, der das erste und komplizierteste Türschloss öffnet.

Um überzeugend und echt rüberzukommen, ist eine gute Selbsteinschätzung das Salz in der »Persönlichkeitssuppe«. Diese basiert wiederum auf einem konstruktiven Austausch von Selbst- und Fremdwahrnehmung. Eine *never ending story*. Unser Selbstbild wird mit 18 anders ausfallen als mit 30, 50 oder 80 Jahren. Dieses Einschwingen auf sich und die Umwelt ist ein lebenslanger Prozess.

> »Derjenige, der die Welt mit 50 so sieht wie mit 20, hat 30 Jahre seines Lebens verschwendet.«
> *Muhammad Ali*

## Eine Bergwanderung

Heike plant mit drei Freundinnen eine Bergwanderung, wofür zwei Tage mit einer Übernachtung eingeplant sind. Heute Abend werden die wichtigsten Punkte der Wanderung besprochen. Es wird geplant, diskutiert und verworfen. Nach einiger Zeit sind sich die Damen einig, dass für die Tour drei Tage mit zwei Übernachtungen eingeplant werden müssen. Sie beschließen, alles Weitere morgen zu besprechen. Nach der Verabschiedung nimmt Gerda Heike zur Seite:

»Heike, darf ich offen mit dir reden?« »Ja natürlich«, erwidert Heike etwas irritiert, »wo brennt's denn?« Gerda behutsam: »Ich weiß nicht, ob dir das bewusst ist, aber mir fällt auf, dass du den anderen öfter ins Wort fällst und sie nicht ausreden lässt. Das kommt überheblich und neunmalklug rüber.« »Iiiiich?!« Heike fällt aus allen Wolken. »Das ist jetzt nicht dein Ernst! Wenn ich meine Meinung sage, dann falle ich doch damit niemandem ins Wort!«

Heikes Irritation kommt nicht von ungefähr. Sie hat ein klares Bild von sich, meint, ihre Ausstrahlung auf andere zu kennen, und ist nun überrascht, ja schockiert, dass sie anders wahrgenommen wird.

Jeder kennt Situationen, in denen sich zwischen Eigenwahrnehmung und den Bewertungen, die andere haben, Differenzen ergeben. Klaffen Selbstbild und Fremdbild auseinander, tendieren wir zu der Meinung, dass uns unser Gegenüber Unrecht tut. Schlimmer noch, wir werten das als Angriff und gehen zur Verteidigung über. Anstatt dankbar für den Hinweis zu sein und selbstkritisch zu reflektieren, suchen wir rachsüchtig ein Manko bei dem vermeintlichen Angreifer. Im Fall von Heike und Gerda könnte Heikes Antwort so lauten: »Das empfindest du nur deshalb so, weil du kaum den Mund aufmachst und zu allem Ja und Amen sagst! Ein wenig mehr Courage könnte dir nicht schaden.«

Was würde Gerda darauf antworten? Zurückschießen, halbherzig protestieren, sich ins Schneckenhaus zurückziehen und sich schwören, Heike nie, nie, nie wieder ihre ehrliche Meinung zu sagen? Auf jeden Fall herrscht auf beiden Seiten das Gefühl von Missverständnis. Kritik, ob berechtigt oder unberechtigt, schmerzt immer und knabbert an unserem Ego.

> Je mehr blinde Flecken sich auf unserer Persönlichkeitslandkarte befinden, umso größer sind die Scheuklappen für unsere Eigenwahrnehmung und umso empfindlicher reagieren wir.

Wie können wir unser Selbstbild korrigieren?

Das magische Wort hierfür heißt: Feedback! Und das muss »aktiv« eingefordert werden. Zwei Hürden sind dabei zu bewältigen. Zum einen: Sie müssen überhaupt erst einmal daran denken. Nach einem Prozess, einer Situation sofort ein Feedback einzuholen, kommt uns meistens gar nicht in den Sinn. Schließlich sind wir davon überzeugt, dass unser Gegenüber sich schon äußern wird, wenn ihm etwas ungut aufstößt. – Ein Irrtum, denn die allerwenigsten reagieren mit einem konstruktiven Feedback. Wir müssen schon in Aktion treten und zeitnah um eine konkrete Stellungnahme bitten. Zeitnah heißt auch, darauf zu achten, dass unser Gegenüber für ein Feedback aufgeschlossen ist.

Eine weitere Hürde ist unsere Erwartungshaltung. Und die sollte »neutral« sein. Auch wenn wir es uns nicht eingestehen, erhoffen wir ein Feedback, das mit unserer Selbsteinschätzung übereinstimmt. Gern fragen wir deshalb auch Gleichgesinnte, die unsere Erwartungshaltung bestätigen oder diese sogar noch im positiven Sinne toppen. Unser Gleichmut wird auf die Probe gestellt, wenn das Feedback von Menschen kommt, die sehr kritisch argumentieren oder uns eventuell nicht gewogen sind. Schätzen wir diese Menschen, kann das eine recht schmerzhafte Angelegenheit werden, die vehement an unserem Selbstwertgefühl rüttelt. Es scheint sich die Büchse der Pandora zu öffnen, die man ganz schnell wieder schließen möchte. Doch häufig sind es gerade diese schmerzhaften, ungeschminkten Feedbacks von Menschen, die nicht um den heißen Brei herumreden, die uns weiterbringen. Und merke, in jedem Feedback liegt die Chance der persönlichen Weiterentwicklung. Von neidischen Schmeichlern oder gnatzigen Miesmachern mal abgesehen!

Bleibt die Frage, wie bekommen wir von unserem Gegenüber ein konstruktives Feedback? Ein lapidares »Wie kommt das bei dir an? Hat dir das gefallen?« oder »War das okay?« wird unserem Gegenüber nur eine pauschale Antwort entlocken. Denn: Nur präzise Fragen führen zu brauchbaren Resonanzen!

Beispiele gezielter Feedbackfragen:

- Wie schätzt du meinen Einsatz während der Präsentation ein?
- Hast du eine Idee, wie ich mein Auftreten verbessern könnte?
- Welche Stärken sind mir persönlich nicht bewusst?
- Was hat dir an meinem Vortrag gefallen und was hat dir nicht gefallen?
- Wie reagiere ich auf Kritik, entspricht das meinem Charakter?
- Was sollte ich auf keinen Fall tun?
- Welches Manko siehst du in meiner persönlichen Entwicklung?
- Gebe ich unbewusst etwas vor, was ich nicht bin?
- Kam mein Statement wertschätzend rüber?

KLARE WORTE

Holen Sie sich von möglichst vielen unterschiedlichen Menschen Feedbacks ein, denn Standpunkte, Perspektiven und Sichtweisen sind nun einmal verschieden. Meistens zeichnet sich jedoch eine Richtung mit wahrem Kern ab. Und wie immer das Feedback ausfällt, fragen Sie nach, geben Sie sich nicht mit pauschalen Antworten zufrieden.

## Johari-Fenster – Reflexion

Wenn Sie auf der Suche nach einem Tool sind, das auf unkomplizierte Weise den Abgleich Selbstwahrnehmung versus Fremdwahrnehmung veranschaulicht und korrigiert, dann sollte das Johari-Fenster ihre allererste Wahl sein. Das vorrangige Ziel dieses Models ist es, den Handlungsspielraum und das gegenseitige Verständnis zu verbessern. Kurz, es geht um den Austausch von Selbst- und Fremdwahrnehmung. Ihr Vorteil: Das Johari-Fenster hilft, mehr über Sie und Ihre Wirkung auf andere herauszufinden. Besonders Teams, die eng zusammenarbeiten und Kommunikationsprobleme verstehen und lösen möchten, können wertschätzend blinde Flecke auf ihrer Persönlichkeitskarte ausloten, um so die zwischenmenschliche Kommunikation reibungsloser und verlässlicher werden zu lassen.

Die Namensgebung »Johari« setzt sich aus den Vornamen der beiden US-amerikanischen Sozialpsychologen Joseph Luft und Harry Ingham zusammen, die die Methode bereits 1955 entwickelt haben.

## Die vier Felder

Das Johari-Fenster setzt sich aus insgesamt vier Feldern zusammen. In jedem Feld können einzelne Wahrnehmungen (Feedbacks) direkt nebeneinandergestellt und auf einfache Weise veranschaulicht werden.

### Öffentlicher Bereich
Auch: Bereich des freien Handelns

### Blinder Fleck
Auch: Bereich des mir Unbekannten

### Geheimer Bereich
Auch: Bereich des Verbergens

### Unbekannter Bereich
Auch: Bereich des Unterbewussten

Was sagen die vier Felder aus?

Jedes Feld ist durch besondere Merkmale gekennzeichnet:

**KLARE WORTE**

### Öffentlicher Bereich (mir und anderen bekannt)

Hier befinden sich alle Informationen, über die Sie sich selbst im Klaren sind, wie z. B. Marotten, Erscheinungsbild, Umgangsformen, ethische Werte, innere Haltung. Diese Informationen sind anderen Personen ebenfalls bekannt.

Je mehr »Insights« hier bekannt sind, desto besser kann man Sie einschätzen. Sie entsprechen dem Bild, das man von Ihnen hat. Sie handeln frei und selbstbewusst. Anfangs ist dieses Feld sehr klein (z. B. wenn Sie in ein neues Team kommen).

Beispiel: Sie wissen, dass Sie ein sicherheitsbewusster Mensch sind. Ihre Freunde, Bekannten und Kollegen wissen das ebenfalls und berücksichtigen es.

### Geheimer Bereich (mir bekannt, anderen unbekannt)

Auch als Bereich des »Verbergens und Versteckens« benannt. Nur Sie wissen um diese Informationen – Ihre Geheimnisse und Dinge, die Ihnen evtl. unangenehm sind und die Sie nicht preisgeben möchten. Dem Umfeld bleiben Ihre geheimen Wünsche oder empfindlichen Bereiche verborgen. Je größer dieser Bereich ist, desto mehr Energie benötigen Sie, um Ihre Fassade aufrechtzuerhalten. Auf Dauer behindert der »geheime Bereich« die Entwicklung Ihrer Persönlichkeit und schadet Ihrer Glaubwürdigkeit.

Beispiel: Sie haben Angst, dem Leistungsdruck der Firma über kurz oder lang nicht mehr gewachsen zu sein. Ihre Angst überspielen Sie mit Besserwisserei, Sie versuchen, offensichtliche Fehler zu verleugnen bzw. anderen Kollegen unterzuschieben. In Ihrer Sturm- und Drangzeit haben Sie Rauschgift genommen, Urkunden gefälscht usw.

### Blinder Fleck (mir unbekannt, anderen bekannt)

Ihnen sind gewisse Eigenschaften, Fähigkeiten, Verhaltensweisen und Merkmale nicht bewusst. Das können u. a. Aspekte der Mimik und Gestik sein, die Ihnen nicht auffallen. Ihre Umgebung interpretiert das als Unsicherheit, teilt Ihnen das aber nicht mit. Ist der »blinde Fleck« groß, verlieren Sie den Bezug zur Realität. Je kleiner der »blinde Fleck«, desto mehr Lernchancen können Sie wahrnehmen.

Beispiel: Sie meiden Blickkontakte. Im persönlichen Gespräch reden Sie hauptsächlich über sich und stellen Ihrem Gesprächspartner kaum Fragen. Riesige »blinde Flecke« sind häufig bei Top-Führungskräften zu registrieren. Da sie vermeintlich über den Dingen stehen, lassen sie sich auf keinerlei Feedbackgespräche ein, die ihre Handlungsweise in Frage stellen könnten.

### Unbekannter Bereich (mir und anderen unbekannt)

Dies ist der Bereich des Un- und Unterbewussten. Weder Sie noch andere wissen von Ihren verdeckten Eigenschaften, Fähigkeiten oder Talenten – im Positiven wie auch im Negativen.

Beispiel: Sie werden einer Projektgruppe zugeteilt. Im Brainstorming werden Sie aufgefordert, Ideen etc. graphisch zu skizzieren. Fazit: Es zeigt sich, dass Sie sehr gut zeichnen können.

KLARE WORTE

## Wie wird das Johari-Fenster eingesetzt?

Je weiter Sie über Ihren Tellerrand hinausschauen und Unbekanntes erforschen, Feedbacks einfordern und reflektieren, desto größer wird Ihr öffentlicher Bereich und umso wirksamer verkleinern sich die Bereiche:

- geheimer Bereich
- blinder Fleck und
- unbekannter Bereich

Wie erreichen Sie das?

### Öffentlicher Bereich

Das Feld des öffentlichen Bereichs ist anfangs oft der kleinste Bereich. Besonders in einem neu aufgestellten Team wissen die Personen relativ wenig übereinander. Ziel ist es, mit Offenheit und konstruktiven Feedbacks so viele Informationen wie möglich aus den anderen Feldern zu erhalten.

### Geheimer Bereich – (Selbst-)Offenbarung

Dieses Feld zu verkleinern, setzt ein gewisses Maß an Selbstbewusstsein voraus. Jeder Mensch hat Geheimnisse, die er sorgsam hütet, schließlich will man auch nicht jedem Menschen alles sagen. Wenn Sie allerdings zu Ihren Fehlern und Ängsten stehen, ist das der erste Schritt für eine positive Veränderung und bringt Sie in Ihrem persönlichen Wachstum weiter. Um dieses Feld zu vergrößern, müssen Sie verborgene Informationen von sich preisgeben. Seien Sie ehrlich. Erläutern Sie Ihre Beweggründe oder evtl. Vorurteile. Welches sind Ihre Vorstellungen? Was macht Ihnen Spaß? Worin liegen Ihre Stärken und Schwächen? Die Vorteile sind gravierend: Sie müssen sich weniger verstellen, andere wissen, woran sie sind, und der Handelsspielraum in der Öffentlichkeit vergrößert sich.

### Blinder Fleck – Feedback

Für Ihr persönliches Wachstum ist das »Blinde-Fleck-Feld« eine erstklassige Gelegenheit, um Schwachstellen aufzudecken. »Spürhunde« sind konstruktive Feedbacks! Bitten Sie um eine ehrliche Einschätzung und ermuntern Sie Ihr Umfeld, Ihnen offenherzig den Spiegel vorzuhalten. Nur so bekommen Selbstbild und Fremdwahrnehmung einen realen Bezug.

Da unsere Mitmenschen oft Dinge über uns wissen, die wir gar nicht wahrnehmen oder überhaupt nicht in Betracht ziehen, ist ihr Feedback sehr wertvoll für uns.

### Unbekannter Bereich – Erforschung

Dies ist das (noch) unbeschriebene Blatt Ihrer Persönlichkeit. Schließlich wissen weder Sie noch andere, was sich in Ihrem Unterbewusstsein abspielt. Sie können also niemanden fragen oder sich mit Hilfe eines Therapeuten/Psychologen erforschen. Nur Sie können das rausbekommen. Lust auf ein Abenteuer rund um den Globus? Einen Tandemsprung wagen? Vor 100 Leuten eine Rede halten? Sie allein, eine Nacht im Dschungel? Keine Ahnung ...?! Dann müssen Sie das einfach mal ausprobieren. Tun Sie bewusst Dinge, die Sie noch nie getan haben. Raus aus der Komfortzone. Probieren Sie Neues. Seien Sie mutig!

> »Grau, teurer Freund, ist alle Theorie und grün des Lebens goldener Baum.«
>
> *Johann Wolfgang Goethe (1749–1832), Faust I*

So schlüssig und logisch sich das Johari-Fenster darstellt, ohne Anwendung taugt die graphische Darstellung bestenfalls als dekorativer Wandschmuck. In relevanten Seminaren kommt es meistens nicht über die »Erklärungsphase« hinaus, denn für diese Übung muss eine Grundvoraussetzung gegeben sein: Die Personen müssen sich eine gewisse Zeit kennen.

Wenn Sie nach langer Zeit einen Freund treffen, mit dem Sie bereits im Sandkasten gespielt haben, dauert es meistens nur wenige Augenblicke und die alte Vertrautheit ist wieder da. Die Kommunikation findet größtenteils im »öffentlichen Bereich« statt. Ein Vorzeige-Johari-Fenster par excellence. Dafür steht Ihnen als Fundus die gemeinsame Sandkasten-, Sturm- und Drangzeit zur Verfügung. Diese können Sie später nicht nachholen. Und das ist auch ein wesentlicher Grund, warum Menschen sich in »reiferen Jahren« mit neuen Freundschaften so schwertun. Also, wie können Sie von einem Johari-Turbo-Booster profitieren?

— **Übung** —

Zeitaufwand: abhängig von der Gruppengröße. Zum Beispiel: 6 Personen und ein Protagonist, ca. 2 Stunden.

**Vorbereitung:** Alle Teammitglieder erhalten das Johari-Fenster und eine Liste mit Adjektiven (siehe unten), die die positiven Seiten betonen und Wertschätzung schenken. Sie können natürlich auch selbst Adjektive wählen und ergänzen.

**Die Situation:** Seit ca. 5 Monaten arbeitet Gerda in dem neuen Team (6er-Gruppe). In dieser Zeit ist es ihr nicht gelungen, Akzeptanz im Team zu erhalten. Dem Chef bleibt das nicht verborgen. Mit Hilfe des Johari-Fensters hofft er, dass Gerda und das Team sich näherkommen.

Für den vorgesehenen Ablauf muss Gerda den ersten Schritt machen. Sie gibt aus dem öffentlichen und geheimen Bereich (Bereich des freien Handelns und Bereich des Verbergens) Informationen preis. Besonders der geheime Bereich kostet sie Überwindung.

**Öffentlicher Bereich (Gerda und den anderen bekannt)**
»Ich bin ein fröhlicher Mensch, kann auf Leute zugehen. Für Neues bin ich spontan begeistert. Allerdings bin ich auch schnell enttäuscht, wenn meine Erwartungen nicht erfüllt werden. Dann ziehe ich mich in mein Schneckenhaus zurück.«

Für den »öffentlichen Bereich« könnte Gerda angeben: anpassungsfähig, großzügig, nett, spontan, verletzlich.

**Geheimer Bereich (nur Gerda bekannt)**
»Ich bin alleinerziehende Mutter einer Tochter, Lisa. Sie ist im Grundschulalter. Mein geschiedener Mann kommt seiner Unterhaltspflicht nicht nach. Lisa leidet an ADHS. Sie hat deshalb Lern- und Leistungsprobleme.

Außerdem plagen mich Ängste, dass mein Engagement in der Firma nicht anerkannt wird, ich gemobbt und entlassen werde.«

Für den »geheimen Bereich« könnte Gerda angeben: fürsorglich, ängstlich, angespannt, überfordert.

Anschließend holt Gerda ein aktives Feedback ein. Wie beurteilt ihr mein Engagement? Was fällt euch positiv bzw. negativ auf? Was kann ich tun, damit ich im Team mehr Akzeptanz finde?

### Team

Das Team weiß jetzt um Gerdas geheime Sorgen und Ängste und kann ihre Reaktionen besser einschätzen und verstehen. Diese Informationen des »geheimen Bereichs« kommen nun in den »öffentlichen Bereich«.

Aufgabe des Teams ist es, seine Wahrnehmungen Gerda gegenüber auszutauschen und Feedback zu geben. Zur Unterstützung werden Adjektive aus der Liste gewählt und in den Bereich »blinder Fleck« eingetragen. Der »blinde Fleck« füllt sich mit Informationen, die dann in den »öffentlichen Bereich« verlagert werden. Ziel ist es, den »öffentlichen Bereich« zu vergrößern und den »blinden Fleck« zu verkleinern.

Für Gerda ist es spannend, die Wahrnehmungen der anderen Kollegen zu erfahren, diese waren ihr vorher nicht bewusst. Je mehr Informationen sie erhält, umso kleiner wird ihr »blinder Fleck«.

Für den »blinden Fleck« könnte das Team angeben: großzügig, spontan, albern, zeitweise unzugänglich, abwesend, introvertiert.

## Johari-Adjektive (sie verstärken die positiven Seiten)

| | | |
|---|---|---|
| akzeptierend | hilfreich | scheu |
| albern | idealistisch | schlau |
| angespannt | intelligent | selbstbewusst |
| anpassungsfähig | introvertiert | selbstsicher |
| aufmerksam | kompetent | sentimental |
| bescheiden | komplex | spontan |
| bestimmt | kühn | still |
| energievoll | liebevoll | stolz |
| entspannt | logisch | suchend |
| extrovertiert | mächtig | tapfer |
| fähig | mitfühlend | unabhängig |
| freundlich | nachdenklich | verlässlich |
| fürsorglich | nervös | vernünftig |
| geduldig | nett | vertrauenswürdig |
| geschickt | organisiert | warmherzig |
| genial | reaktionsschnell | weise |
| glücklich | reif | witzig |
| großzügig | religiös | würdevoll |
| heiter | ruhig | |

## Das Johari-Fenster: Vor- und Nachteile

**Vorteile:**
- Die einfache grafische Darstellung vermittelt schnell ein Bild der eigenen Persönlichkeit.

- Die Handhabung des Johari-Fensters ist einfach: Das Selbstbild wird mit dem Fremdbild abgeglichen.
- Unbewusste Verhaltensweisen werden ins Bewusstsein geholt.
- Sie benötigen weniger Energie, um die äußere Form zu wahren.
- Sie können gezielter an Ihren Potenzialen arbeiten.
- Feedbacks unterstützen das persönliche Wachstum.

**Vorteile fürs Team:**

- Der Mitarbeiter/-in ist besser einzuschätzen.
- Gegenseitiges Vertrauen wird gestärkt.
- Die Qualität der Beziehungen verbessert sich.
- Die Handhabung des Johari-Fensters ist einfach.
- Es kommt zu weniger Missverständnissen.
- Die gegenseitige Wertschätzung verbessert sich.
- Die Zusammenarbeit ist transparenter.
- Das Wir-Gefühl wird gestärkt.

**Nachteile:**

- Die Methode verpufft –
    - wenn die Bereitschaft des Teams zur Kommunikation nicht vorhanden ist.
    - wenn die menschliche und kommunikative Reife sowie Vertrauen fehlen.
    - wenn Teilnehmer vertrauliche Informationen ausnutzen oder weiterleiten.
- Sie sind leichter angreifbar.

## Resümee

Das Johari-Fenster ist kein Allheilmittel. Mit diesem Anspruch geht es auch nicht in den Ring. Seine Stärken beruhen in der Wo-stehe-ich-gerade-Analyse und dem Wie-sehen-mich-die-anderen-Feedback. Es macht gleichsam bewusst, dass Offenheit und Feedback hervorragende Sparringspartner zum Abgleichen Eigenbild/Fremdbild abgeben. Das Johari-Fenster hat sich auch im privaten Bereich bewährt.

# KURZ VOR SCHLUSS

Ist ein Buch gelesen, stellt sich die Frage, was ist vom Inhalt hängen geblieben? Wie, wo, wann und was kann ich davon verwenden? Sie, liebe Leserin, lieber Leser, fragen sich: Hat sich der Zeitaufwand für mich gelohnt?

Ihre Leserperspektive und die Antworten auf Ihre Fragen schwirren mir als Autor immer im Kopf herum. Das ist mein achtsamer Kompass, der mich auf meiner Reise begleitet und mich anleitet, selbstverliebte Nabelschau oder überspitztes Fachwissen zu vermeiden.

Viele Cappuccinos weiter: Trara, Sektstimmung!

Die letzte Seite ist geschrieben und neben der Freude, es wieder geschafft zu haben, schwingt unterschwellig ein sanftmütiger Abschiedsblues mit. Das Buch und ich sind ein Jahr lang wie zwei dicke Kumpel durch den Kommunikationskosmos gesurft. Nun ist der Treibstoff verbraucht, sanfte Landung – wir sind angekommen. Zeit für Reflexionen, Allerweltsgedanken. Und ungeladene, aber verlässliche Passanten: Dämonen! Sie haben listig mein sprunghaftes Unterbewusstsein angezapft. Sind sie fündig geworden?

## KLARE WORTE

Voilà, nur zu, was habt ihr mir zu sagen? Ein feister Dämon drängt nach vorn. Redet mir ins Gewissen: »Wer braucht dieses Buch überhaupt? Unzählige Informationen prasseln Tag für Tag auf die Menschheit ein. Kluge Ratschläge en masse. Wie werde ich noch effizienter, perfekter, was ist zu tun, was ist zu lassen? Schwachsinn! Der Tag hat nur 24 Stunden. Deshalb plädiere ich für mehr Liebe, Lachen, Leben ...!«

Schwupps, der philosophische Dämon meldet sich zu Wort: »Du weißt, das Dasein ist begrenzt. Unser klitzekleiner, blauer Planet verliert sich in den unendlichen Weiten des Universums. Ergo, alles nicht so wichtig. Auch nicht dieses Buch.« Gefolgt von dem Defätisten, den ich bereits erwartet habe: »Das liest sich wunderbar. Doch trotz all dieses Wissens wird auch die nächste banale Episode dein seelisches Gleichgewicht durcheinanderwirbeln ...«

»Aus. Schluss jetzt! Meine lieben Dämonen, ich weiß, man kann alles infrage stellen. Das ist der perfekte Nährboden aller einsamen Selbstzweifelmomente, sowohl Triebfeder als auch Ohnmacht. Natürlich fühlen sich da die eher egomanisch-selbstherrlichen Narzissten nicht angesprochen. Für mich geht es hier eher um den »Ist-« als um den »Soll-Zustand« und um die Frage aller Fragen: Was tut mir gut, womit fühle ich mich wohl? Die Antwort auf diese Frage fällt uns meistens schwer. Sie ist für das Studium des Lebens essenziell und das wichtigste Zertifikat.

Erinnern Sie sich noch an die Geschichte von dem kleinen Jungen, der sein Zuckerstück sucht? Wir alle brauchen das tägliche Zuckerstück, das Gespür für uns UND unsere Mitmenschen. Dafür bedarf es »einer Schaufel«. Ohne Schaufel kein Zuckerstück. Ohne Fleiß kein Preis. Nun, da meine »Zuckerstückchenausbeute« etwas größer geworden ist, war es an der Zeit, diese zu teilen. Was ist dabei zu beachten? Essen Sie nicht alle auf einmal, das gibt Bauchschmerzen, und teilen Sie die Zuckerstückchen! Jeden Tag ein kleines Stückchen. Und: Lernen Sie zu genießen!

# LITERATURVERZEICHNIS

### Botenstoffe

Emotion, April 2013, »7 Schlüssel, um andere für sich zu gewinnen«

Werner Tiki Küstenmacher, »Limbi: Der Weg führt durchs Gehirn«, Campus Verlag 2014

www.zeit.de/zeit-wissen/2013/04/hormone-haushalt-botenstoffe

www.airflag.com/Hirn/w3/w3Gehirn.html

www.dasgehirn.info/entdecken/kommunikation-der-zellen/nervenzellen-im-gespraech-2218

www.samsung.com/de/support/skp/faq/1102301

lexikon.stangl.eu/5523/hirnstamm-stammhirn/

www.neuronation.de/gehirntraining/limbisches-system

Tobias Hürter, abgerufen am 11. Oktober 2011, 8:00 Uhr ZEIT Wissen Nr. 6/2011, www.zeit.de/zeit-wissen/2011/06/Entscheidungsfreiheit

### Achtsamkeit

Shunry Suzuki, »Zen-Geist, Anfänger-Geist«, Theseus 1975

Ingeborg Dietz, Thomas Dietz, »Selbst in Führung. Achtsam die Innenwelt meistern«, Junfermann Verlag; Auflage: 3 (29. September 2008)

## KLARE WORTE

Ron Smothermon, »Drehbuch für Meisterschaft im Leben«, Kamphausen 1996

Marc de Smedt, »Das kleine Übungsheft – Meditation für jeden Tag«, Trinity Verlag 2012

Doris Iding, »Vertrau dem Buddha in Dir«, Nymphenburger Verlag 2015

Frank Berzbach, »Die Kunst, ein kreatives Leben zu führen: oder Anregung zur Achtsamkeit«, Verlag Hermann Schmidt 2013

Claus Mikosch, »Der kleine Buddha«, Verlag Herder 2015

Michael Brück, »Einführung in den Buddhismus«, Verlag der Weltreligion 2007

Majjhima Nikaya, »Die Lehrreden des Buddha aus der Mittleren Sammlung«, Jhana Verlag 2001

Volker Zotz, »Buddha«, Rowohlt 1999

Thich Nhat Hanh, »Wie Siddharta zum Buddha wurde. Eine Einführung in den Buddhismus, Theseus Verlag 1991

Jonathan Landaw, Stephan Bodian, »Buddhismus für Dummies«, Wiley-VCH 2017

Tobias Hürter, abgerufen am 11. Oktober 2011, 8:00 Uhr ZEIT Wissen Nr. 6/2011, www.zeit.de/zeit-wissen/2011/06/Entscheidungsfreiheit

Shauna L. Shapiro, Linda E. Carlson, »Die Kunst und Wissenschaft der Achtsamkeit: Die Integration von Achtsamkeit in Psychologie und Heilberufe«, Arbor Verlag

### Atmung

Sylvian Laborde, »Die Heilkraft des Atems«, Focus 6/2017, https://www.focus.de/magazin/archiv/titel-die-heilkraft-des-richtigen-atmens_id_6585615.html

Hans Morschitzky, »Endlich leben ohne Panik: Die besten Hilfen bei Panikattacken«, Fischer & Gann 2015

### Stimme

www.glamour.de/liebe/beziehung/frauen-und-ihre-stimme-stimmgewalt/frauen-und-ihre-stimme-in-fuenf-schritten-zur-erfolgreichen-stimme

Joachim Aich, »Erfolgsgeheimnis Stimme. Besser sprechen – mehr erreichen, Cornelsen 2009

www.zeit.de/zeit-wissen/2013/05/stimme-charakter-launen-krankheiten

Arno Fischbacher, »Geheimer Verführer Stimme: 77 Antworten zur unbewussten Macht in der Kommunikation. Soft Skills kompakt«, Bd. 6, Junfermann 2008

www.cvnrw.de/fileadmin/user_upload/dokumente/d-massnahmen/Stimmbildung.pdf

Anno Lauten, »30 Minuten für die wirkungsvolle Stimme«, Gabal 2008

Ingrid Amon, »Die Macht der Stimme«, Ueberreuter 2000

### Rhetorik

Nicole Staudinger, »Schlagfertigkeitsqueen«, Edel 2006

Dudenredaktion, »Reden halten – leicht gemacht«, Dudenverlag 2007

www.rhetorik-netz.de/rhetorikkurs/

www.channelpartner.de/a/die-kunst-der-rhetorik-wie-man-ein-guter-redner-wird,235520,3

www.br.de/telekolleg/faecher/deutsch/sprachkompetenz/01-rhetorik102.html

Gloria Beck, »Verbotene Rhetorik: Die Kunst der skrupellosen Manipulation«, Eichborn Verlag 2007

### Ich-Botschaft

https://arbowis.ch/images/downloads/material-zu-lehren-kompakt-1-2011/10_3_Ich-Du-Botschaften.pdf

## Persönlichkeit

Carolyn Gregoire, »Die 9 wichtigsten Angewohnheiten von starken Persönlichkeiten«, HuffPost USA, VÖ 1.3.2014

## Temperamente

»Die Temperamente in der Waldorfpädagogik. Ein Modell zur Überprüfung ihrer Wissenschaftlichkeit« in: Harm Paschen (Hrsg.), »Erziehungswissenschaftliche Zugänge zur Waldorfpädagogik«, VS Verlag für Sozialwissenschaften 2010

O. A., »Anthroposophie – zwischen Mythos und Wissenschaft – Eine Untersuchung zur Temperamentenlehre«, o. O. u. J.

https://de.wikipedia.org/wiki/Temperamentenlehre

Harald Schmidt: »Temperamentenlehre (Neuzeit)«, in: Werner E. Gerabek, Bernhard D. Haage, Gundolf Keil, Wolfgang Wegner (Hrsg.): »Enzyklopädie Medizingeschichte«, De Gruyter 2005, S. 138 ff.

J. van Wageningen, »Die Namen der vier Temperamente«, in: Janus, Band 23, 1918, S. 48–55

Gundolf Keil: »Humoralpathologie«, in: Werner E. Gerabek, Bernhard D. Haage, Gundolf Keil, Wolfgang Wegner (Hrsg.): »Enzyklopädie Medizingeschichte«, De Gruyter 2005, S. 642 ff.

O. A., »Temperamente und innere Sekretion«, in: Alfred Adler, »Menschenkenntnis«, Anaconda 2008

Gernot Huppmann: »Anatomie eines Bestseller«, in: Würzburger medizinhistorische Mitteilungen 23, 2004, S. 539–555

www.soft-skills.com/persoenlichkeitsmodelle-persoenlichkeitstests/

http://karrierebibel.de/halo-effekt/

Caroline Krüll, Dr. Christian Schmid-Egger, »Selbstsicher – jetzt«, Gräfe und Unzer 2011

Bärbel Wardetzki, »Souverän & selbstbewusst«, Kösel 2014

Werner Corell, »Menschen durchschauen und richtig behandeln: Psychologie für Beruf und Familie«, mvg Verlag 2005

## Körpersprache

Monika Matschnig, »Körpersprache: Verräterische Gesten und wirkungsvolle Signale«, Gräfe und Unzer 2007

Elizabeth Kuhnke, »Körpersprache für Dummies«, Wiley-VCH Verlag 2016

Mark Asher, »Körpersprache richtig deuten und einsetzen«, o. O. u. J.

Samy Molcho, »Partnerschaft und Körpersprache«, Goldmann 1996

Samy Molcho, »Körpersprache im Beruf«, Goldmann 1997

Peter Colett, »Ich sehe was, was du nicht sagst. So deuten Sie die Gesten der anderen – und wissen, was diese wirklich denken«, Bastei Lübbe 2010

Janine Driver, »Du verrätst mehr als du denkst: Ein 7-Tage-Plan für den erfolgreichen Einsatz von Körpersprache«, Goldmann 2011

## Schlagfertigkeit

Matthias Pöhm, »Das Nonplusultra der Schlagfertigkeit: Die besten Techniken aller Zeiten«, mvg Verlag 2015

Thomas Burger, »Sprache wirkt! Sicher und schlagfertig (re)agieren«, CICCO Verlag o. J.

Peter Kenzelmann, »Schlagfertig mit dem richtigen Zitat. Für jede Situation die passenden Worte«, Linde Verlag 2006

»Die neue Schlagfertigkeit: Schnell, überraschend und sympathisch. Was Sie von Obama, Merkel, Klitschko & Co. lernen können«, BusinessVillage 2015

www.etrillard.com/modules/veroeffentlichungen/files/5e6b1b20b061494.pdf

https://de.wikipedia.org/wiki/Schlagfertigkeit

KLARE WORTE

## Charisma

Frank Gerbert, Focus Magazin Nr.7/1996

www.focus.de/wissen/mensch/psychologie-charisma-geheimnis-des-erfolgs_aid_158554.html

Claudia E. Enkelmann, »Einfach mehr Charisma: Was uns wirklich beeindruckt. Wie Sie auf andere wirke«, Linde Verlag 2010

Gloria Beck, »Verbotene Rhetorik: Die Kunst der skrupellosen Manipulation«, Piper Verlag 2007

# ÜBER DEN AUTOR

Peter Berliner ist Experte für Kommunikation und Persönlichkeitsentwicklung. Der studierte Musiker, Unternehmer, Keynote Speaker, Autor und Moderator vermittelt seinem Publikum mit Witz und Humor, wie man mit einer ausdrucksstarken Stimme und überzeugender Präsenz Interessen weckt, Grenzen setzt, Gelassenheit verbreitet und Konflikte entschärft.

Peter Berliner begleitet erfolgreich Menschen, für die ganzheitliche Kommunikation zur Kernkompetenz gehört. Sie erfahren, wie sie mit bewusster Wahrnehmung und dem richtigen Know-how auch schwierige Situationen leicht meistern. Peter Berliner zeigt die Heimtücken des »stimmlichen Miteinanders« mit einem Augenzwinkern auf, dabei fördert er die wichtigsten Ausdrucksmittel der Kommunikation und entwickelt so die natürliche Präsenz der Menschen weiter.

www.peterberliner.de

## Ihre Notizen

## Ihre Notizen

## Ihre Notizen

## Ihre Notizen

464 Seiten, broschiert
ISBN 978-3-89845-112-3
€ [D] 19,90

Walter Rotter

### Charaktere erkennen – Menschen verstehen

*... miteinander glücklich sein*

Eine echte Sensation! Nach über drei Jahrzehnten intensiver Studien und beratender Tätigkeit ist Walter Rotter – allein auf der Grundlage des Geburtsdatums und der Geburtsstunde – in der Lage, den Charakter jedes Menschen zu erfassen, den Zugang zu diesem zu finden und ihn im Herzen zu berühren. Mit Hilfe dieses Buches wird nun auch Ihnen der Zugang zu vielen Menschen erleichtert werden. Lassen Sie sich überraschen von der Vielfältigkeit dieser wunderbaren Grundcharaktere, lernen Sie sie zu verstehen – und Sie werden ein erstaunliches Feedback erhalten ...

224 Seiten, broschiert
ISBN 978-3-89845-546-6
€ [D] 14,95

Kurt Tepperwein

### Die Kunst, sich und andere zu verstehen

*Mit Face-Reading zu mehr Menschenkenntnis*

Jeder Mensch ist einzigartig, und bei genauerem Hinsehen können wir erkennen, wie dieser Mensch wirklich ist. Dieses Buch hilft dabei, unsere Wahrnehmung zu schulen, und bringt uns bei, über das Aussehen und das Verhalten unseres Gegenübers die Menschen besser zu erkennen und zu verstehen. Kurt Tepperwein lässt uns auch analysieren, warum uns etwas Bestimmtes an dem Gegenüber aufgefallen ist oder was uns dessen Verhalten sagt, und lädt ein zur Selbsterforschung und Selbsterkenntnis, zu einem wirklichen Verstehen des eigenen Ich.

224 Seiten, broschiert
ISBN 978-3-89845-596-1
€ [D] 17,00

Maria G. Baier-D'Orazio

### Schneiden Sie die Tomaten doch mal anders als sonst

*Aus der Routine des Alltags ausbrechen und jünger werden*

Treten Sie ein in ein Leben, in dem Platz ist für Neues, für Spontaneität, Lebenslust und Abenteuer.
Entdecken Sie, wie Sie genau dieses Leben erschaffen können und frischen Wind in Ihr Leben lassen, mit kleinen Veränderungen dem Leben Farbe verleihen, es facettenreicher, intensiver werden lassen.
Der wunderbare Nebeneffekt: Diese neue Art an gelebter Intensität wird in Ihnen das Jungsein aktivieren. So entdecken Sie einen wahren Jungbrunnen für ein Leben, das sich jeden Tag neu erschafft.

256 Seiten, broschiert
ISBN 978-3-89845-424-7
€ [D] 16,95

Gloria Boileau
### Ohne Angst leben

Stellen Sie sich eine Welt vor, in der Sie ohne Angst leben. Diese Welt kann Ihre sein!
Dieses lebensverändernde Buch wird die Angst in Ihrem Leben besiegen. Es wird Ihnen mit besonderen Methoden helfen, Ihr Leid zu lindern, Ihnen neue Energie schenken und Ihre Ängste für immer davonjagen. Wenn Sie die vorgestellten Methoden verinnerlichen, werden Sie besser für Ihr Leben gerüstet sein und negative Denkmuster ausmerzen können.
Also atmen Sie tief durch – nicht aus Angst, sondern aus Vorfreude auf die guten Dinge, die da kommen werden. Es ist Zeit, die Angst loszulassen und die Freiheit zu begrüßen!

120 Seiten, 2-fbg., broschiert
ISBN 978-3-89845-452-0
€ [D] 12,95

Silke Gramer-Rottler
### Was uns alle trägt
*Die Kraft des Urvertrauens in einer reizüberfluteten Welt*

Wir leben in einer schnelllebigen Welt, in der Hektik, Ignoranz und Ängste unseren Alltag bestimmen. Silke Gramer-Rottler zeigt uns, wie wir zurückfinden können zur berühmten Leichtigkeit des Seins. Sie erklärt uns, wie wir in unserem Leben wieder Raum schaffen können für die wesentlichen Dinge und wie dadurch die ganzen Unsicherheiten des Alltags verschwinden.
Dieses inspirierende Buch fordert uns alle auf, innezuhalten in unserer schnelllebigen, reizüberfluteten Welt und uns auf den Weg zu machen, unseren Ängsten zu begegnen, um zu erfahren, dass das Leben uns trägt.

144 Karten mit Kurzanleitung,
inkl. Miniposter, in Box
EAN 4260075280-28-8
€ [D] 19,95

Franziska Krattinger
### Die Kraft der 144 Schalt- und Machtworte

Es ist schwer, eingefahrene Wege zu verlassen und wirklich etwas in seinem Leben zu verändern.
Die 144 wirkungsvollen Karten mit Schalt- und Machtworten helfen dabei, denn sie erwecken die uns innewohnende positive Macht zur selbstbestimmten Veränderung von Situationen und Vorhaben. Eines dieser Worte genügt bereits, um einen unterbrochenen energetischen Fluss wieder zum Laufen zu bringen und so alles zum Besten zu lenken!
Schalten auch Sie einfach um – und beobachten Sie die positiven Veränderungen in Ihrem täglichen Leben. Sie haben WIRKLICH die Macht dazu!

160 Seiten, broschiert, mit abgerundeten Ecken
ISBN 978-3-89845-628-9
€ [D] 11,00

Kurt Tepperwein
## Entdecke dich neu und werde glücklich

Was ist Glück? Und wer weiß wirklich, wie man es erlangen kann? Ratschläge für ein besseres Leben gibt es zur Genüge, doch Bestsellerautor Kurt Tepperwein wagt sich mit Humor und Tiefe an das Thema und zeigt, wie wir dem Leben eine neue Richtung geben und uns regelrecht auf Erfolg programmieren können. In kurzweiligen Übungen lernen Sie, was Sie sich wirklich ersehnen, erhoffen und wünschen. Und was Sie tunlichst unterlassen sollten, um das Glück nicht zu vertreiben.

176 Seiten, broschiert, mit abgerundeten Ecken
ISBN 978-3-89845-603-6
€ [D] 11,00

Silke Mayer
## Die Kunst, cool zu bleiben
*Gelassen leben*

In unserer hektischen Welt gehören Sorgen und Ärger zum Alltag. Dieses Buch beweist, dass es auch anders geht. Antike Lebensweisheiten der stoischen Lehre machen dem Leser negative Reaktionen auf Stresssituationen bewusst, zugleich wird ihm eine relativierende – stoische – Sichtweise nahegebracht, die Ärger und Sorgen eindämmt oder gar nicht erst entstehen lässt. Dargestellt wird ein breites Spektrum an ärgerlichen oder besorgniserregenden Situationen, in denen die Leser sich und ihre typische Denkweise wiederfinden können.

128 Seiten, 2-farbig, Flexocover
ISBN 978-3-89845-584-8
€ [D] 12,95

Jessica Lütge
## Alles, was du über dich wissen musst
*222 Fragen zum Ausfüllen und Staunen*

Jeder von uns hat in seinem Leben schon unzählige unwichtige Fragen beantwortet. Doch was ist mit den wirklich wichtigen Fragen? Denen, die tiefer gehen, die zeigen, was uns ausmacht und wer wir tatsächlich sind?
Jessica Lütge schöpft aus ihrer psychologischen Praxis und hat 222 Fragen formuliert, deren Antworten erstaunliche Selbstkenntnisse zutage fördern. Man lernt sich so von einer Seite kennen, die einem bisher verborgen blieb.
Entdecke dein neues Leben und sei neugierig, was in der nächsten Zeit alles passiert.

152 Seiten, mit Abbildungen,
4-fbg., Klappenbroschur
ISBN 978-3-89845-437-7
€ [D] 14,95

Nathalie Bodin

## Ho'oponopono
*30 Formeln zur Lösung von Konflikten*

Entdecken Sie Ho'oponopono ganz praktisch für Ihren Alltag.
Nathalie Bodin hat das ursprüngliche hawaiianische Vergebungsritual wiederaufgegriffen und an das moderne westliche Leben angepasst. Sie bringt uns Ho'oponopono nahe, indem sie uns an 30 alltäglichen Situationen zeigt, wie wir Konflikte erfolgreich mit der Energie des Verzeihens und des Reinigens auflösen können.
Entdecken Sie die Weisheit des Ho'oponopono, die auf jeden Konflikt auch in Ihrem Leben anwendbar ist!

---

240 Seiten, gebunden, mit
abgerundeten Ecken
ISBN 978-3-89845-569-5
€ [D] 16,95

Vadim Zeland

## TransSurfing to Go

Vadim Zeland zeigt Ihnen, wie Sie sich endlich das Leben formen können, das Sie schon immer führen wollten.
Falls Sie es wagen, den Rahmen des scheinbar feststehenden Algorithmus »Denke wie alle – handle wie alle – sei wie alle« zu verlassen, werden sich Ihre Möglichkeiten und Chancen weit über die Grenzen des für alle anderen Erreichbaren hinaus ausdehnen!
In »TransSurfing to go« fasst der Erfolgsautor alle relevanten Prinzipien der Methode kompakt zusammen und hilft Ihnen, sie zur richtigen Zeit zu verwenden.
Einfach zu lesen – einfach anzuwenden.

---

216 Seiten, broschiert
ISBN 978-3-89845-633-3
€ [D] 14,00

Peter Fidèle

## Dein Wille geschehe?
*Beschwerdebriefe an den lieben Gott*

Was tut man, wenn einen Ungerechtigkeiten, fehlendes Glück oder überholte kirchliche Gebräuche am Leben zweifeln lassen?
Wo kann man sich da beschweren?
Direkt an höchster Stelle. Bei Gott.
In seinen Briefen an den Schöpfer zieht Peter Fidèle ordentlich vom Leder und nimmt kein Blatt vor den Mund. Mit einem ironischen Augenzwinkern diskutiert er scheinbare Ungerechtigkeiten im Leben, himmlische Reparationszahlungen und den Sinn des Lebens selbst.
Brüllend komisch und dabei erstaunlich tiefgründig.

Weiterführende Informationen zu
Büchern, Autoren und den Aktivitäten
des Silberschnur Verlages erhalten Sie unter:
www.silberschnur.de

Natürlich können Sie uns auch gerne den
Antwort-Coupon aus dem beiliegenden
Lesezeichenflyer zusenden.

Ihr Interesse wird belohnt!